tempero alternativo

André Fronza

O LIVRO DE RECEITAS DO BLOG

tempero alternativo

PARA UMA ALIMENTAÇÃO
NATURAL E SAUDÁVEL

Agradecimentos

Quero agradecer à Lucia, da Olaria Paulistana (www.olariapaulistana.com.br), à Sofia, da Olive Cerâmica (www.facebook.com/oliveceramica), e à Gisele e ao Alan, do Atelier Muriqui (www.muriquiceramica.com.br), a confiança e o empréstimo das peças de cerâmica para a produção fotográfica do livro. Sem suas belíssimas peças, as fotos não teriam ficadas tão bonitas. Muito obrigado!

Copyright do texto e das fotos © 2017 André Luiz Fronza
Copyright desta edição © 2017 Alaúde Editorial Ltda.

Todos os direitos reservados. Nenhuma parte desta edição pode ser utilizada ou reproduzida – em qualquer meio ou forma, seja mecânico ou eletrônico –, nem apropriada ou estocada em sistema de banco de dados sem a expressa autorização da editora.

O texto deste livro foi fixado conforme o acordo ortográfico vigente no Brasil desde 1º de janeiro de 2009.

Edição: Bia Nunes de Sousa
Preparação: Fátima Couto
Revisão: Claudia Vilas Gomes, Julio de Mattos
Capa e projeto gráfico: Amanda Cestaro
Impressão e acabamento: Ipsis Gráfica e Editora S/A
1ª edição, 2017
Impresso no Brasil

Dados Internacionais de Catalogação na Publicação (CIP)
(Câmara Brasileira do Livro, SP, Brasil)

Fronza, André
O livro de receitas do blog Tempero Alternativo para uma alimentação natural e saudável / André Fronza. -- São Paulo : Alaúde Editorial, 2017.

ISBN 978-85-7881-423-6

1. Alimentos vegetarianos 2. Culinária vegetariana 3. Gastronomia 4. Hábitos alimentares - Blogs 5. Receitas 6. Vegetarianismo I. Título.

17-02126 CDD-641.5636

Índices para catálogo sistemático:
1. Receitas : Culinária vegetariana : Economia doméstica 641.5636

2017
Alaúde Editorial Ltda.
Avenida Paulista, 1337, conj. 11
São Paulo, SP, 01311-200
Tel.: (11) 5572-9474
www.alaude.com.br

SUMÁRIO

Introdução 6

8 MANIFESTO   Medidas 10

10 COMO CONSULTAR AS RECEITAS

Glossário de ingredientes 11

19 BÁSICOS   39 BEBIDAS

Café da manhã 49

75 Entradas e Acompanhamentos

Pratos principais 95

121 SOBREMESAS   110 RECEITAS EXTRAS

ÍNDICE DE RECEITAS 142

Introdução

Tudo começou em 2011, quando saí da casa dos meus pais para fazer faculdade. Eu tinha 17 anos, e administrar a casa sozinho já era novidade e trabalho que chegasse para mim. Cozinhar minha própria refeição, então, nem estava nos planos. Mas foi a necessidade que me jogou no meio das panelas – almoçar fora e comer congelados estava se tornando insuportável.

Foi assim que começou minha vida na cozinha de forma independente, porque raspar a massa do bolo de batedeira que minha mãe fazia quando eu era criança não conta. Comecei pelo básico, arroz e macarrão, depois passei a cozinhar feijão e legumes, e aos poucos fui aprendendo na prática a arte de cozinhar. É claro que queimei alguns dedos, mas faz parte, né?

Porém, foi em 2012 que minha alimentação mudou radicalmente. Sempre fui muito ligado aos animais, tive vários de estimação, coisa de que não me orgulho hoje. Dois em especial me acompanharam por oito anos: minhas tartarugas. Como eu estava morando em um apartamento muito pequeno para levá-las comigo, decidimos que era hora de dar adeus.

Elas foram viver em uma lagoa com outras de sua espécie. Se sobreviveram, não sei, prefiro nem saber. Mas é fato que foi dessa tristeza e inquietude, ao vê-las agoniadas tentando fugir da caixa na hora de partir, que nasceu o vegetarianismo na minha vida. Deixei de comer carne daquele dia em diante – foi assim mesmo, da noite para o dia, coisa que não recomendo a ninguém. O certo é mudar a alimentação aos poucos.

É claro que muitas dúvidas surgiram nessa nova fase, até porque venho de uma família tradicional do Sul do Brasil, onde a carne é o prato principal. Foram os blogs de culinária que me ajudaram, em especial o da Sandra Guimarães, autora do Papacapim. Foi com ela que aprendi a fazer um dos meus pratos preferidos, o homus (pasta de grão-de-bico). Só tenho a lhe agradecer.

O tempo foi passando e fui aprendendo cada vez mais. Tanto receitas, ingredientes e técnicas culinárias quanto sobre a produção, a distribuição e o impacto ambiental dos alimentos. Aos poucos fui eliminando da minha alimentação, de forma consciente, outros produtos de origem animal, como laticínios e ovos. Hoje, raramente os consumo, por isso me considero vegetariano, e não vegano.

Em janeiro de 2015 lancei o blog Tempero Alternativo, com o objetivo de disseminar informações sobre como podemos tornar a relação homem/comida/meio ambiente o mais harmoniosa possível, sem deixar de lado o prazer, é claro. Acredito que é na cozinha que muitos problemas ambientais e de saúde podem ser resolvidos. Neste livro você vai encontrar receitas simples e gostosas, que valorizam os alimentos de origem vegetal, integrais, orgânicos e produzidos localmente. Nada de radicalismo, aqui é tudo muito simples (às vezes nem tanto, admito, hehehe) e acessível.

Para minhas criações, bebo de diversas fontes, desde blogs e livros de culinária, tanto brasileiros quanto gringos, até programas de televisão, restaurantes e eventos gastronômicos. Para este livro a brasilidade imperou na escolha de alguns pratos: tem feijoada, bobó, bolinho de aipim, cuscuz e manjar. E na escolha de alguns ingredientes também: tem maracujá, goiaba, jabuticaba, açaí, castanha-do-pará, mandioca e palmito.

Tudo uma delícia! Do mesmo jeitinho do blog, com humor, simplicidade e receitas bem explicadas (assim espero!) e fotografadas por mim. Espero que você goste deste primeiro livro. Que ele lhe traga novas descobertas na cozinha, seja de sabores, seja de ingredientes.

Obrigado pelo apoio. Por favor, devore todas as páginas com muita fome! ☺

Manifesto

A luta aqui é por mais...

Alimentos integrais: naturais e nutritivos, os alimentos integrais demandam menos gasto energético para serem produzidos, uma vez que não são processados, além de gerarem menos resíduos e desperdício.

Acessibilidade: por aqui você vai encontrar receitas com ingredientes fáceis de achar – e o melhor de tudo, sem precisar gastar muito.

Igualdade: tem algum alimento de que você não gosta? Você tem alguma alergia, intolerância, ou não consome algo por questões éticas e religiosas? Sem problema: aqui ninguém é deixado de lado, seja você vegano, celíaco, intolerante a lactose, ao glúten ou diabético.

Praticidade: o estilo de vida contemporâneo implora por praticidade, e por aqui as coisas não são diferentes. Receitas práticas, com poucos ingredientes e fáceis de encontrar – é disso que precisamos no dia a dia.

Orgânicos: alimentos orgânicos são mais nutritivos, saborosos e naturais. Consumi-los é um ato político e ambiental, uma vez que você está deixando de usar produtos com agrotóxicos que contaminam o solo e a água.

Bem-estar: todos almejam o bem-estar físico e emocional, mas muitos acabam querendo tanto o seu próprio que acabam se esquecendo de quem está próximo. Devemos prezar pelo bem-estar de todas as pessoas, de todos os animais e do meio ambiente.

Diversidade: no Brasil há uma diversidade enorme de frutas, legumes e verduras, mas isso não aparece muito no prato dos brasileiros. Aqui você vai encontrar receitas que exploram os sabores dessa grande variedade.

Produtos locais: consumir alimentos produzidos próximo a você, além de ser mais barato, ajuda a movimentar a economia local, contribuindo para a geração de renda dos pequenos produtores.

A luta aqui é por menos...

Monopólio: grandes fazendas e grandes produtores dominam o mercado brasileiro, inserindo cada vez mais transgênicos e agrotóxicos na alimentação. Dê preferência para alimentos provenientes de produtores locais e da agricultura familiar.

Transgênicos: são um risco para o meio ambiente, sem contar que aumentam as alergias na população. Muito se tem a descobrir ainda sobre eles, mas a grande certeza que se tem é de que não são naturais.

Conservantes sintéticos: os alimentos industrializados estão cada vez mais cheios de conservantes artificiais para aumentar a durabilidade do produto; isso aumenta as chances de alergia e intolerância alimentar a determinados alimentos.

Ultraprocessados: ricos em sódio, gordura trans, espessantes, acidulantes, aspartame, entre outros, estão prejudicando cada vez mais a saúde da população com ingredientes nada naturais e saudáveis.

Produtos de origem animal: são ricos em gordura e colesterol e seu consumo excessivo é prejudicial à saúde. Eles aumentam as chances de as pessoas desenvolverem doenças cardiovasculares, câncer e obesidade. Isso sem contar com o alto impacto ambiental da produção e todo o sofrimento animal envolvido.

Trabalho escravo: alguns produtos encontrados nos supermercados podem ser fruto de trabalho escravo. Devemos nos informar sobre o processo de produção do que consumimos e fazer escolhas mais conscientes.

Corantes artificiais: o consumo de produtos com essas substâncias está ligado diretamente ao desenvolvimento de câncer e alergias. Devemos optar por produtos que fazem uso somente de corantes naturais e vegetais, como o urucum e a cúrcuma.

Medidas

Xícaras e colheres medidoras são perfeitas para medir ingredientes secos, como farinhas, grãos e açúcares. Já para ingredientes líquidos gosto de usar um copo medidor de vidro refratário. Outro item incrível para ter na cozinha é uma balança digital. Assim você consegue medir a quantidade exata dos ingredientes sem perigo de errar a receita.

Independentemente de qual utensílio você usa para medir os ingredientes, as receitas apresentam medida em xícaras ou colheres, e gramas ou mililitros, tudo para facilitar sua vida. As medidas-padrão adotadas aqui são:

1 xícara - 250 ml   ⅓ de xícara - 80 ml   1 colher (sopa) - 15 ml
½ xícara - 125 ml   ¼ de xícara - 60 ml   1 colher (chá) - 5 ml

Como consultar as receitas

Cada receita possui ícones que indicam se ela é sem glúten, sem açúcar, sem soja ou derivados ou se requer preparo antecipado. Se tiver dúvida sobre o significado do ícone, basta vir correndo até aqui:

Sem glúten/com opção sem glúten   Sem açúcar   Sem soja/derivados   Requer preparo antecipado

Você vai notar que algumas páginas do livro possuem QR Codes, códigos de barra em formato de quadradinhos em preto e branco. Caso tenha um celular com câmera, acesso à internet e aplicativo instalado que leia esse tipo de código, você pode fotografá-lo e acessar uma receita alternativa do blog, ou ser direcionado para um GIF animado exclusivo, para ver como ficou a consistência da receita em questão. Vale a pena explorá-los!

Glossário de ingredientes

Como alguns ingredientes utilizados neste livro não são tão comuns, falo aqui um pouco sobre cada um deles para você saber onde comprar.

Ágar-ágar: gelatina de origem vegetal de sabor neutro, é obtida a partir de folhas desidratadas de algas marinhas. Pode ser usada para substituir a gelatina de origem animal e deixar musses, pudins e cremes mais consistentes. É possível encontrá-la em lojas de produtos naturais e de produtos japoneses e asiáticos.

Arroz arbóreo: espécie de arroz de grão médio, rico em amido, com alta capacidade de absorção. É perfeito para ser usado na preparação de risotos, uma vez que fica macio e cremoso quando cozido. Pode ser encontrado em grandes supermercados e lojas de produtos naturais.

Avocado: fruto de origem mexicana, primo do abacate. É bem menor que a fruta brasileira, tem menos água e mais nutrientes, é menos calórico e mais cremoso. O período de safra é de fevereiro a abril. Procure consumir nessa época: é mais saboroso, além de ser mais barato.

Azeite de dendê: de origem africana e muito utilizado na culinária baiana, é um óleo extraído do dendê, fruto da palmeira dendezeiro. Ingrediente indispensável na preparação de moqueca, bobó e acarajé. Tem sabor adocicado, aroma forte e cor alaranjada devido à grande quantidade de betacaroteno. Seu ponto de fumaça (230 ºC) é mais alto que o da maioria dos óleos vegetais. Pode ser encontrado em supermercados e lojas de produtos naturais.

Champignon: conhecido como cogumelo-de-paris, é o mais consumido no Brasil. Apresenta coloração esbranquiçada e consistência firme. É vendido em conserva ou fresco, em bandejas, na seção de refrigerados de supermercados e empórios, ou em feiras livres. Dê preferência para o fresco, por ser mais saboroso e nutritivo. Fica ótimo em estrogonofes e saladas.

Chia: pequena semente de origem mexicana, foi muito consumida pelos astecas. É considerada um superalimento, devido à grande quantidade de nutrientes. Riquíssima em ômega 3, quando hidratada solta uma espécie de gel que pode substituir o ovo em várias receitas. Pode ser encontrada em grandes supermercados e lojas de produtos naturais.

Cominho: especiaria muito usada na culinária mexicana e baiana, é vendida em pó ou em grãos em supermercados, empórios e lojas de produtos naturais. O cominho é indicado para temperar sopas, assados e molhos, e combina muito bem com couve-flor, feijão e grão-de-bico.

Cúrcuma: também conhecida como açafrão-da-terra, é uma raiz amarela aromática da mesma família do gengibre. De sabor levemente amargo, é muito usada para colorir pratos e aromatizar. Ingrediente básico para produzir o curry, condimento indiano. É possível comprar a cúrcuma na forma de raiz, em feiras livres e mercados municipais, ou em pó, em lojas de produtos naturais e supermercados.

Ervilha congelada: a ervilha congelada vendida em saquinhos na seção de refrigerados do supermercado é muito mais saborosa e saudável que a enlatada, já que é apenas ligeiramente escaldada e não contém sódio. Pode ir do congelador direto para a panela e cozinha em poucos minutos. É adocicada e dá frescor às mais variadas preparações.

Extrato de baunilha: produzido com as favas, é uma opção natural à essência produzida em laboratório, que tenta imitar o sabor da baunilha. Você pode comprar pronto em empórios e lojas de produtos naturais, ou fazer em casa, conforme ensino no blog. O extrato é usado para incrementar o sabor de preparações doces, deixando-as mais adocicadas e perfumadas.

Farinha de grão-de-bico: produzida com grão-de-bico seco e moído, é naturalmente sem glúten e facilmente encontrada em lojas de produtos naturais. De cor amarelada, textura fina e sabor amendoado marcante, é rica em proteínas e ácido fólico. Pode ser usada para fazer massas de tortas, quiches e panquecas salgadas.

Farinha de linhaça: obtida a partir de linhaça marrom ou dourada, não contém glúten e é rica em ácidos graxos ômega 3 e 6. Ao hidratá-la – 3 colheres (sopa) de água para 1 colher (sopa) de farinha –, obtém-se o ovo de linhaça, muito usado na culinária vegana para substituir o ovo e dar liga à massa. Como tem sabor forte e marcante, deve ser usada com cuidado para não alterar o sabor da preparação.

Farinha de mandioca: para obter a farinha torrada, a mandioca é lavada, ralada, prensada, esfarelada e torrada. A farinha de mandioca crua é seca ao sol. Há três processos que resultam em três produtos diferentes: a farinha crua, a farinha d'água e a farinha torrada. É naturalmente sem glúten, muito utilizada para empanar, fazer pães e outras receitas assadas. Diferentemente da tapioca, que é feita da goma, a farinha de mandioca é obtida da raiz.

Farinha de milho: obtida a partir do grão de milho moído, não contém glúten, podendo ser encontrada nas versões fina, média e grossa em supermercados e lojas de produtos naturais. De acordo com a Agência Nacional de Vigilância Sanitária (Anvisa), farinha de milho e fubá são sinônimos. Mas, popularmente falando, o fubá se refere à farinha de milho fina, usada na preparação de angu, polenta, pão e bolo. Já a farinha de milho refere-se ao produto mais grosso, em flocos, usado para fazer farofa e cuscuz paulista.

Farinha de rosca: também chamada de farinha de pão, é obtida a partir de pão seco triturado até virar um pó fino. Pode ser comprada pronta ou feita em casa com pães amanhecidos. Nem todas são veganas – é preciso conferir a lista de ingredientes, porque algumas podem conter leite ou ovos. É muito utilizada para empanar, já que absorve umidade e forma uma casquinha crocante depois de frita.

Fécula de batata: conhecida como amido de batata, é uma farinha fina, de cor branca, obtida pela secagem e moagem da batata. Pode ser usada como espessante para dar consistência a molhos, cremes, coberturas e recheios. Não contém glúten e pode ser encontrada em supermercados e lojas de produtos naturais, na seção de farinhas e amidos.

Inhame: tubérculo de forma irregular e tamanho pequeno. Tem polpa esbranquiçada, fibrosa e comestível, revestida por uma casca de textura rugosa e cheia de pelos. Às vezes é confundido com o cará em algumas regiões do país, porém este é maior e sem pelos. É muito empregado em sopas e pratos quentes. Por ser rico em amido, torna as preparações mais cremosas e encorpadas.

Jabuticaba: nativa da Mata Atlântica, é uma fruta pequena e redonda, de casca brilhante e coloração roxo-escura, com polpa branca e doce. A época de safra vai de agosto a setembro e de janeiro a fevereiro. Normalmente é encontrada em feiras livres e em pomares domésticos. Muito utilizada para fazer vinhos, sucos, geleias, licores e vinagres.

Manteiga de coco: obtida a partir da polpa de coco seco triturada, é rica em fibras e gordura boas. Pode ser usada no lugar da manteiga de origem animal, em torradas, pães, cuscuz, bolos e tapioca. É possível comprar em lojas de produtos naturais ou fazer em casa, conforme ensino no blog. Por conter óleo de coco, solidifica-se em temperaturas abaixo de 25 °C; para voltar ao estado líquido, aqueça em banho-maria ou no micro-ondas por alguns segundos.

Melado de cana: subproduto da fabricação do açúcar, é um xarope viscoso, de coloração escura, de sabor acentuado e baixo teor de açúcar. Muito nutritivo, é rico em ferro e cálcio. Pode ser encontrado em supermercados e lojas de produtos naturais. Neste livro você vai encontrar várias receitas em que o melado é usado para adoçar as preparações.

Mistura de farinhas sem glúten: pode ser usada para substituir a farinha de trigo em várias preparações, na proporção de 1:1. Neste livro foi usada a seguinte combinação: 2 xícaras de farinha de arroz branco (270 g) + 1½ xícara de farinha de arroz integral (200 g) + 1 xícara de fécula de batata (170 g) + ½ xícara de polvilho doce (65 g) + 2 colheres (chá) de goma xantana (opcional).

Óleo de coco: rico em gorduras boas, é extraído da prensagem da polpa do coco seco. É comercializado nas versões virgem ou extra virgem. Por ter sabor e aroma levemente adocicados, é perfeito para ser utilizado em receitas doces, como biscoitos, bolos, sorvetes e shakes. Tem capacidade de suportar altas temperaturas sem que seus componentes nutricionais se modifiquem, mas se solidifica em temperaturas abaixo de 25 °C. Para voltar ao estado líquido, basta aquecê-lo em banho-maria ou no micro-ondas por alguns segundos.

Páprica doce, picante e defumada: especiaria obtida a partir do pimentão vermelho seco e triturado, muito usada nas cozinhas húngara (páprica), espanhola (pimentón) e portuguesa (colorau ou pimentão-doce). A doce (sem ardor) é obtida a partir de uma variedade de pimentão-doce seco e moído, com pouca quantidade de capsaicina (componente ativo de pimentas e pimentões responsável pela ardência), e pode ser usada para dar cor a molhos, patês e ensopados. A picante é feita a partir da mistura de variedades doces com outras mais apimentadas, além de utilizar mais sementes, o que lhe confere mais ardor. A defumada é obtida a partir de pimentões secos e defumados; por seu aroma e sabor, é perfeita para temperar hambúrgueres e feijoada vegana.

Pasta de amendoim integral: também chamada de manteiga de amendoim, é feita com amendoim triturado até virar uma pasta cremosa. Não contém açúcar nem adição de gordura. Pode ser comprada pronta em supermercados e lojas de produtos naturais, ou feita em casa, conforme ensino no blog. É rica em gorduras boas e calorias, perfeita para quem pratica esportes.

Sementes de abóbora: consideradas a parte da abóbora mais rica em fibras e nutrientes, as sementes podem ser compradas com casca (brancas) e sem casca (verdes). Além disso, podem ser cruas ou torradas. As cruas e sem cascas podem virar molhos e patês; já as torradas podem incrementar saladas e serem consumidas como petisco.

Shimeji: cogumelo comestível rico em vitamina B12, muito popular na culinária oriental. Existem duas variedades, o preto e o branco, ambos de chapéu pequeno. Tem sabor acentuado e consistência bem tenra. Fica ótimo em refogados e ensopados. Pode ser encontrado na seção de refrigerados de grandes supermercados, empórios e feiras livres, sendo vendido em bandejas.

Shiitake: cogumelo comestível de coloração escura e chapéu largo. Grande, tem sabor característico e consistência tenra. Bom para saladas, massas, molhos, risotos e feijoada. Pode ser encontrado na seção de refrigerados de grandes supermercados, empórios e feiras livres.

Tapioca granulada: feita com amido da mandioca molhado e coagulado em grãos sobre uma chapa quente. De coloração branca, tem aparência de sal grosso e consistência dura, e precisa ser hidratada para o consumo. Pode ser encontrada nas versões fina e grossa, é utilizada na preparação de cuscuz, bolos e mingaus.

Tofu: muito usado na culinária japonesa, é popularmente conhecido como queijo de soja, feito com leite de soja coagulado. Vendido em formato de bloco na seção de refrigerados das lojas asiáticas, de produtos naturais e de grandes supermercados, pode ser encontrado nas versões soft (macia), firme ou defumada. Por ter sabor neutro, pode entrar em várias preparações, tanto de doces quanto de salgados. É rico em cálcio e proteínas.

Vinagre de maçã: obtido a partir da fermentação da fruta, é uma excelente fonte de vitaminas e minerais. É menos ácido e mais aromático que os demais tipos de vinagre. Pode ser usado para temperar saladas, fazer conservas de legumes e coalhar o leite vegetal para substituir o leitelho (buttermilk) em receitas de bolos.

Básicos

Nas próximas páginas você encontrará receitas simples que serão usadas como ingrediente em algumas delícias deste livro. Mas não se limite em utilizá-las em uma ou outra preparação que sugiro por aqui, você pode ir muito além com um pouco de criatividade e ousadia. Siga seu instinto!

Quem aparece primeiro é a versátil e inigualável biomassa de banana. Com sua cremosidade você pode engrossar caldos, molhos, cremes e até shakes. Isso sem falar da sua consistência grudenta, que é perfeita para dar liga extra para massas.

Agora, se o negócio é dar mais uma camada de sabor para sopas, risotos e refogados, sugiro que você faça seu próprio caldo de legumes. Aquele gostinho de feito em casa, sem sabores artificiais, é incomparável! Outra coisa que faço questão de que seja caseiro e fresco é o leite de coco. Te ensino três formas de extrair o leite desse moço casca dura.

Outro ingrediente versátil é o creme de castanha de caju, que pode entrar tanto em preparações de pratos salgados quanto de doces. Meu prato favorito, o estrogonofe de cogumelos (p. 98), leva essa belezinha no lugar do creme de leite.

Tá a fim de fazer uma torta, mas não sabe preparar a massa? Nesta seção você vai encontrar três receitas, uma de torta doce e duas de torta salgada, para utilizar com qualquer recheio. Todas são sem glúten e sem ingredientes refinados.

Biomassa de BANANA

3 ½ porções

A biomassa de banana é um alimento prebiótico produzido com bananas verdes. O seu preparo é bem simples: as bananas são cozidas na panela de pressão com a casca, e depois sua polpa é extraída e batida no liquidificador. O resultado é uma pasta cremosa e pegajosa, rica em amido resistente, que estimula o crescimento de bactérias benéficas responsáveis pelo equilíbrio da flora intestinal.

Seu uso na culinária é variado, e ela pode ser utilizada tanto em receitas doces quanto em salgadas, como cremes, maionese, patês, coberturas e recheios de bolos. Por ser pegajosa, pode também substituir o ovo em muitas receitas de pães e bolos, para dar liga à massa. Utilizei a biomassa para fazer a torta de chocolate com maracujá (p. 122).

Você pode fazer bastante e congelar em pequenas porções por cerca de 2 meses. Para descongelar, basta deixá-la em temperatura ambiente ou aquecê-la em banho-maria ou no micro-ondas. Caso for utilizar em breve, armazene na geladeira – nesse caso, dura até 7 dias.

Chega de enrolação e vamos ao que interessa – a receita!

Você vai precisar de...
8 bananas verdes grandes (1 kg)

Como fazer...
Vire a página ☺

No blog tem receita de brigadeiro com biomassa. Para acessar, basta usar o QR Code.

1 Separe as bananas do cacho, preservando os talos. Lave bem com uma esponja e reserve.

2 Coloque uma panela de pressão no fogo com água suficiente para cobrir as bananas. Assim que ferver, ponha as bananas na água para levarem um choque térmico.

3 Tampe a panela e deixe em fogo alto até pegar pressão. Quando começar a chiar, abaixe o fogo e cozinhe por 10 minutos. Desligue e espere a pressão sair naturalmente, sem utilizar a válvula.

4 Abra a panela e retire as bananas com um pegador; cuidado, pois estarão bem quentes. Descasque as bananas e retire a polpa.

5 Coloque no liquidificador ou processador enquanto ainda estão quentes. Adicione um pouco de água filtrada, só o suficiente para ajudar as hélices a triturarem bem.

6 Bata até obter uma massa lisa e espessa. Como a biomassa é pesada, triture no máximo 4 bananas por vez para não queimar o liquidificador ou processador. Guarde na geladeira o que vai usar em breve e congele o restante em pequenas porções.

CALDO DE LEGUMES

Um bom caldo de legumes pode transformar qualquer cozido meia-boca em algo espetacular. Mas nada de usar aquelas porcarias industrializadas, cheias de aditivos químicos e sódio. Estou falando de caldo de legumes caseiro, feito com ingredientes que a gente conhece.

É possível fazer esta maravilha com sobras de legumes que possivelmente iriam ser descartados, como talos, cascas e extremidades de legumes e hortaliças. Aqui, qualquer um é bem-vindo – salsinha, coentro, cebolinha, alecrim, tomilho, salsão, brócolis, couve-flor, repolho, pimentão... Mantenha um saco plástico no congelador e vá juntando as sobras aos poucos. Quando estiver cheio, é hora de fazer o caldo. 😊

1 litro

Você vai precisar de...

5 xícaras de sobras de legumes • 1 cebola grande (150 g) • 1 cenoura grande (115 g) • 5 grãos de pimenta-do-reino • 4 folhas de louro
1 colher (chá) de sal (5 g) • 6 xícaras de água filtrada

Como fazer...

1. Lave bem as sobras de legumes e corte em pedaços menores. Descasque a cebola e corte em quatro partes no sentido do comprimento. Lave a cenoura e corte em rodelas, sem descascar.
2. Junte todos os ingredientes em uma panela e leve ao fogo médio. Cozinhe por cerca de 30 minutos a partir do momento em que borbulhar.
3. Desligue o fogo e espere esfriar.
4. Coe com uma peneira e conserve na geladeira por até 7 dias, ou congele em pequenas porções (nesse caso, dura até 3 meses).

Leite
de coco

6 porções

Fazer leite de coco em casa é mais fácil do que parece. Além de ser bem mais saudável do que o industrializado, tem um sabor incomparável! Depois que comecei a fazer, nunca mais parei. Todas as receitas deste livro foram preparadas com leite de coco caseiro.

Nas próximas páginas ensino três formas diferentes de fazer leite de coco, da mais difícil à mais prática e rápida de todas. Cada uma tem suas vantagens e desvantagens. Cabe a você escolher qual delas vai usar.

Algumas dicas importantes ☺

Ao ser armazenado na geladeira, o leite de coco caseiro se separa em duas partes, por não ter estabilizante, como o industrializado. A parte de cima, mais branquinha, é a gordura do coco, mais firme e gordurosa. Já a parte de baixo, aguada, é a água do coco. Para poder usar o leite, basta misturar as duas partes em temperatura ambiente. Se a parte de cima estiver mais dura, aqueça por alguns segundos em uma panela ou no micro-ondas, até derreter. Misture bem e use normalmente.

Você pode usar a polpa que sobra do leite de coco em qualquer outra receita que peça coco ralado, como bolos e biscoitos. No blog tem receita de bombom de chocolate com coco feita com a polpa. Para acessar, basta usar o QR Code.

Outra forma de aproveitar a polpa é transformá-la em farinha (p. 141). Use para fazer panquecas, bolos e cookies, por exemplo.

Leite de coco caseiro...
...com coco fresco

É mais demorado e difícil de fazer, porque dá um trabalhinho abrir o coco seco e tirar a polpa, mas o leite fica fresco e muito saboroso, uma delícia!

Rendimento: 1 litro

Você vai precisar de...
1½ xícara de polpa de coco fresco picada (220 g)
4 xícaras de água quente filtrada

Como abrir o coco seco?

1. Preaqueça o forno a 200 °C.
2. Com o auxílio de um saca-rolha, fure um dos três pontos mais escuros da superfície do coco. Apenas um deles é macio o suficiente para ser furado. Vire o coco e despeje toda a água num copo.
3. Coloque o fruto direto na grade do forno por cerca de 30 minutos, virando na metade do tempo, ou até o coco rachar.
4. Tire do forno e, ainda morno, arranque as cascas com a ajuda de uma faca ou chave de fenda.
5. Caso queira leite e polpa bem branquinhos, tire a fina camada marrom que cobre a polpa com um descascador de legumes.

Como fazer...

1. Coloque todos os ingredientes em um liquidificador e bata por cerca de 5 minutos, ou até obter um líquido branco e espumoso. Reserve até amornar.
2. Coe a mistura sobre uma tigela com um coador de voal ou com um pano de prato limpo (ou uma fralda de pano). Esprema bem com as mãos para extrair todo o leite.
3. Utilize imediatamente ou transfira para um recipiente com tampa e armazene na geladeira. Dura cerca de 5 dias.

• Em algumas feiras livres e supermercados, você pode encontrar a polpa congelada já extraída do coco.

...com coco ralado

É a forma de fazer que mais utilizo por aqui. Sempre tenho coco ralado na despensa. Em menos de 5 minutos o leite já está pronto!

Rendimento: 3 xícaras

Você vai precisar de...

1 xícara de coco ralado seco e sem açúcar (75 g) • 3 xícaras de água quente filtrada

Como fazer...

1 Coloque todos os ingredientes em um liquidificador e bata por cerca de 3 minutos, ou até obter um líquido branco e espumoso. Reserve até amornar.
2 Coe a mistura sobre uma tigela com um coador de voal, um pano de prato limpo ou uma fralda de pano. Esprema bem com as mãos para extrair todo o leite.
3 Utilize em seguida ou transfira para um recipiente com tampa e armazene na geladeira. Dura cerca de 5 dias.

...com manteiga de coco

É a forma mais prática e rápida de todas, porque você não precisa nem ter o trabalho de coar o leite, basta bater a manteiga com água quente filtrada e pronto.

Rendimento: 1½ xícara

Você vai precisar de...

4 colheres (sopa) de manteiga de coco (40 g) • 1½ xícara de água quente filtrada

Como fazer...

1 Coloque todos os ingredientes no liquidificador e bata até obter uma mistura homogênea.
2 Caso a manteiga utilizada tenha alguns pedacinhos de coco, coe o leite para que ele fique liso.
3 Utilize em seguida ou transfira para um recipiente com tampa e guarde na geladeira. Dura cerca de 5 dias.

creme de castanha

Versátil, fácil de fazer e muito cremoso, o creme de castanha é uma alternativa saudável e gostosa para substituir o creme de leite em muitas receitas, tanto doces quanto salgadas. Utilizei para fazer estrogonofe de cogumelos (p. 98), fica muito gostoso!

Você vai precisar de...
1 xícara de castanhas de caju cruas e sem sal (130 g) • 2⅓ xícaras de água filtrada

Atenção: antes de fazer, é necessário um pré-preparo...
Coloque as castanhas em um recipiente e adicione 2 xícaras de água. Deixe de molho por cerca de 4 a 8 horas. Esse processo é importante para tirar os fitatos da castanha, que impedem a absorção dos seus nutrientes. Além disso, as castanhas vão ficar macias e fáceis de triturar com a demolha.

Como fazer...
1. Escorra as castanhas e descarte a água da demolha. Lave bem em água corrente.
2. Coloque no liquidificador com ⅓ de xícara de água filtrada e bata bem até ficar cremoso e homogêneo. Pare algumas vezes para raspar a lateral do copo do liquidificador, se necessário.
3. Transfira para um frasco de vidro fechado e guarde na geladeira. Dura cerca de 3 dias.

Atenção: lembre-se de que para ficar cremoso e com sabor neutro, você precisa utilizar castanhas cruas (não torradas) e sem sal, aquelas bem branquinhas.

Quer ver como fica extremamente cremoso? Utilize o QR Code para acessar o GIF dessa maravilha.

1 xícara

MASSA DE torta doce

O aroma desta massa se espalhando pela casa enquanto assa é indescritível! Só fazendo para saber como é bom. Como é bem versátil, dá para rechear com chocolate, banana, morango e maçã, por exemplo. Além de ser gostosa, não contém glúten nem açúcar, é 100% integral e bem fácil e rápida. Não tem como ser melhor!

1 massa

Você vai precisar de...

1 xícara de castanha de caju crua e sem sal (140 g) • ½ xícara de farinha de aveia (sem glúten, se necessário) (60 g) • 2 colheres (sopa) de água filtrada • 1 colher (sopa) de melado de cana

Como fazer...

1. Preaqueça o forno a 180 °C.
2. Coloque as castanhas em um processador ou liquidificador e triture até virar farinha. Não precisa triturar bem, você pode deixar alguns pedacinhos para dar textura à massa.
3. Adicione a farinha, a água e o melado. Bata até obter uma pasta densa e homogênea. Ou, se preferir, transfira as castanhas trituradas para um recipiente e adicione os demais ingredientes, misturando com as mãos.
4. Forre uma fôrma redonda (20 cm de diâmetro) com papel-manteiga e despeje a mistura. Espalhe preenchendo o fundo e a lateral, pressionando com as pontas dos dedos umedecidos com água, para que fique compacta.
5. Faça furos com um garfo para não formar bolhas de ar e leve ao forno preaquecido por cerca de 8 minutos, ou até a borda dourar.
6. Retire do forno e complete com o recheio escolhido.

Na página 122 tem uma receita de torta de chocolate com maracujá preparada com essa massa. Vale a pena fazer, fica muito bom!

MASSA DE TORTA SALGADA

Vamos e venhamos, não dá para resistir a uma boa fatia de torta, né? Versáteis e atraentes, as tortas salgadas são adequadas para várias ocasiões, desde aquela festa especial com a família e amigos até aquelas refeições rápidas no meio da semana. Pode até ser que demore um pouquinho para fazer, mas a quantidade que rende é generosa, e no final das contas vale a pena.

Nas próximas páginas ensino dois jeitos de fazer massa de torta salgada com grão-de-bico, muito saudável e nutritiva. Além de ser gostosa, não contém glúten, é 100% integral e muito versátil. Com ela você pode usar o recheio que preferir, como palmito, brócolis, espinafre, cogumelos, tofu ou tomates. As possibilidades são infinitas.

O jeito mais prático e rápido de fazer é utilizando a farinha de grão-de-bico. Geralmente vendida a granel, você pode encontrá-la facilmente em lojas de produtos naturais por um preço bem acessível. Porém, como nem todos conseguem achar essa belezinha, ensino outra forma de fazê-la com grão-de-bico. É um pouco mais demorado, porque precisa cozinhar os grãos antes, mas é tão gostosa quanto a primeira opção.

Os rendimentos das duas receitas variam um pouco. A versão com farinha rende massa suficiente para cobrir todo o fundo e a lateral de uma fôrma redonda grande para tortas e quiches (23 cm de diâmetro x 2,5 cm de altura). Já a versão com grão-de-bico rende um pouco mais, exigindo uma fôrma mais alta. Utilizo uma de bolo sem furo no meio (23 cm de diâmetro x 6,5 cm de altura).

- O óleo vegetal pode ser substituído por azeite de oliva na mesma quantidade.
- Se você utilizar um recheio que precisa ir ao forno por muito tempo, asse a massa por menos tempo, para não queimar nem ficar muito dura.

Massa de torta salgada...

...com farinha de grão-de-bico

Você vai precisar de...

1½ xícara de farinha de grão-de-bico (220 g) • ½ colher (chá) de sal (3 g) • 3 colheres (sopa) de óleo vegetal • ½ xícara de água filtrada

Como fazer...

1 Preaqueça o forno 180 °C.

2 Em um recipiente, misture a farinha e o sal. Faça uma cova no centro da farinha e despeje o óleo e a água, mexendo sempre, para incorporar os ingredientes sem formar grumos. Misture até obter uma massa lisa e homogênea.

3 Unte uma fôrma redonda de fundo removível (23 cm de diâmetro) com óleo (caso não esteja usando uma antiaderente) e espalhe a massa até cobrir todo o fundo e a lateral. Faça pequenos furos na base com um garfo para não formar bolhas de ar.

4 Leve ao forno preaquecido por cerca de 15 minutos.

5 Retire do forno e complete com o recheio escolhido.

1 massa

Na página 105 tem uma receita de torta de cebola caramelizada feita com esta massa. Corre lá para dar uma espiada! ☺

...com grão-de-bico

Você vai precisar de...
1 xícara de grão-de-bico cru (190 g) • 3 xícaras de água filtrada para demolhar • 4 colheres (sopa) de óleo vegetal • 2 colheres (sopa) de farinha de linhaça (10 g) • ½ colher (chá) de sal (3 g)

Atenção: antes de fazer, é necessário um pré-preparo...
Coloque o grão-de-bico em um recipiente grande e adicione 3 xícaras de água. Deixe de molho por no mínimo 8 horas para eliminar os fitatos e os grãos hidratarem e cozinharem mais rápido depois.

Como fazer...
1. Escorra os grãos e descarte a água da demolha. Lave bem em água corrente.
2. Coloque os grãos em uma panela e cubra com água. Leve ao fogo e cozinhe até ficarem macios.
3. Escorra os grãos e transfira-os ainda quentes para o processador. Adicione os demais ingredientes e bata até obter uma pasta grossa e homogênea. Se necessário, acrescente um pouco de água filtrada para ajudar o processador a triturar.
4. Preaqueça o forno a 180 °C.
5. Unte uma fôrma redonda de fundo removível (23 cm de diâmetro) com óleo (caso não esteja usando uma antiaderente) e espalhe a massa até cobrir todo o fundo e a lateral. Faça pequenos furos na base com um garfo para não formar bolhas de ar.
6. Leve ao forno preaquecido por cerca de 15 minutos.
7. Retire do forno e complete com o recheio escolhido.

- Com a água do cozimento do grão-de-bico, você pode fazer um incrível merengue sem ovos. É isso mesmo, merengue vegano! 😊 Parece inacreditável, mas é possível. Para ver a receita, utilize o QR Code.

Bebidas

Nas próximas páginas você encontrará bebidas gostosas e nutritivas que vão bem em vários momentos do dia. Para as manhãs, sugiro o suco verde feito com água de coco, uva verde, couve e gengibre. Uma combinação dos deuses! Essa maravilha é a prova viva de que é possível fazer bebidas gostosas sem recorrer ao açúcar.

Para aqueles dias quentes e ensolarados, um smoothie de pêssego cremoso e geladinho é a pedida certa. Aqui também não precisa usar açúcar para deixar gostoso, a combinação de pêssego, laranja e leite de coco já é docinha o suficiente para agradar até as papilas mais exigentes.

Para a correria do dia a dia, sugiro o achocolatado feito rapidinho com leite de castanha de caju. Servido gelado fica muito bom! Vai bem com um pedaço de bolo no cafezinho da tarde ou até com biscoitos no café da manhã. Agora, para os dias frios e cinzentos, nada como um bom chocolate quente, daqueles bem cremosos e chocolatudos! 😊

smoothie de pêssego

3 xícaras

Você vai precisar de...
2 pêssegos pequenos (280 g) • 2 xícaras de leite de coco (p. 26) • ⅓ de xícara de suco de laranja integral • 6 cubos de gelo, opcional

Atenção: antes de fazer, é necessário um pré-preparo...
Descasque os pêssegos, retire os caroços e corte em pedaços menores. Leve ao freezer até congelar por completo. Esse pré-preparo é opcional, mas vai deixar o smoothie mais cremoso e refrescante. Tire o pêssego do freezer 5 minutos antes de usar.

Como fazer...
1. Coloque todos os ingredientes no liquidificador e bata até a mistura ficar espumosa.
2. Experimente e ajuste a quantidade de ingredientes, se necessário. Caso você ache que o smoothie não está doce o suficiente, acrescente mais pêssego ou suco de laranja. Quanto mais maduras estiverem as frutas, mais doce o smoothie ficará. Beba imediatamente.

• O pêssego pode ser substituído por nectarina na mesma quantidade.

SUCO VERDE

Você vai precisar de...
3 folhas de couve (35 g) • 25 bagos de uvas verdes (185 g) • 1 pedaço pequeno ou ½ colher (chá) de gengibre (3 g) • 2 xícaras de água de coco

Como fazer...
1. Lave bem a couve e os bagos de uva. Descasque o gengibre e rasgue a couve com as mãos em pedaços menores.
2. Coloque todos os ingredientes no liquidificador e bata bem até obter um suco homogêneo.
3. Coe numa peneira fina ou num coador de voal. Caso você use uvas verdes sem sementes, não há necessidade de coar o suco. Assim ele ficará mais grosso e rico em fibras. Beba logo em seguida.

- Para o suco ficar docinho sem precisar adicionar açúcar, use frutas bem maduras. Caso você não esteja contente com a doçura desta receita, adicione mais bagos de uva.

2 copos

ACHOCOLATADO

2 copos

Você vai precisar de...
½ xícara de castanhas de caju cruas e sem sal (60 g) • 3 xícaras de água filtrada • 4 colheres (sopa) de açúcar demerara (45 g) • 1 colher (sopa) de cacau em pó (6 g) • ½ colher (chá) de extrato de baunilha, opcional

Atenção: antes de fazer, é necessário um pré-preparo...
Coloque as castanhas em um recipiente e adicione 1 xícara de água. Deixe de molho por cerca de 4 a 8 horas.

Como fazer...
1. Escorra as castanhas e enxague bem; descarte a água da demolha. Transfira para o liquidificador.
2. Adicione o restante da água e os demais ingredientes. Bata de 2 a 3 minutos em potência máxima, até obter uma mistura homogênea. Como as castanhas ficam bem macias depois da demolha, não é preciso coar o achocolatado, já que elas são fáceis de triturar.
3. Sirva o achocolatado imediatamente ou guarde na geladeira. Dura cerca de 3 dias.

• Use água gelada ao bater as castanhas de caju. Assim o achocolatado ficará bem mais gostoso.

chocolate quente

Você vai precisar de...
2 xícaras de leite de aveia • ½ xícara de chocolate 70% cacau, sem leite, picado (70 g) • 2 colheres (sopa) de açúcar mascavo (12 g) • 1 colher (chá) de extrato de baunilha, opcional • ¼ de colher (chá) de canela em pó, opcional

Como fazer...
1. Coloque todos os ingredientes em uma panela.
2. Leve ao fogo baixo, mexendo sempre, até os pedaços de chocolate derreterem e a bebida ficar homogênea.
3. Retire do fogo e sirva imediatamente enquanto estiver quente. Você pode polvilhar cacau em pó, sementes de cacau (nibs) ou canela em pó a gosto, para sua bebida ficar mais saborosa.

2 porções

- Considero o leite de aveia o mais indicado para fazer chocolate quente, uma vez que ele engrossa ao ser aquecido, devido ao amido que contém. Mas é claro que você pode substituí-lo por leite de amendoim ou de amêndoas Com qualquer um deles, o chocolate quente também fica bem gostoso.

Para saber como fazer leite de aveia ou de amendoim, utilize o QR code.

Café da manhã

A refeição mais importante do dia não pode passar batida. Apesar de algumas vezes o tempo ser curto, nunca saio de casa sem tomar um bom café da manhã. Levando isso em consideração, nas próxima páginas você encontrará receitas rápidas e nutritivas, para começar o dia bem alimentado em pouco tempo.

A primeira receita é de um pão rústico que fica pronto em pouquíssimo tempo, nem precisa esperar a massa fermentar. É só misturar tudo e pôr para assar. Você pode fazer de noite e consumir pela manhã com o que preferir: pasta de amêndoas com cacau, geleia de abacaxi ou, se preferir algo mais proteico, sugiro a ricota de tofu com ervas ou o mexido de grão-de-bico.

Para variar de vez em quando, que tal um bolinho pela manhã? Entre o bolo de banana com nozes ou o bolo gelado de tapioca com coco fica difícil escolher! Ambos não contém glúten e são bem leves, vale a pena experimentá-los. Você também pode prepará-los na noite anterior e consumir pela manhã. Mas cá entre nós, são tão bonsm que não precisam ficar restritos ao café da manhã, podem até virar lanchinho da tarde.

Se você não se contentou com as duas opções anteriores, então lá vão mais duas: muffins de castanha-do-pará integrais e sem açúcar refinado e cuca de uva com castanha, bolo de origem alemã muito comum na culinária de Santa Catarina, meu estado natal. ♥ A combinação da uva macia e úmida com a farofa de castanha crocante e sequinha deixa o bolo irresistível!

E não para por aí, não, tem biscoito de fubá crocante, mingau de aveia nutritivo e, para fechar com chave de ouro, ou melhor dizendo, com garfadas de ouro (hahaha!), uma panqueca de inhame de cair o queixo.

Pão rústico

Você vai precisar de...

1½ xícara de farinha de trigo integral (235 g) • 1½ xícara de farinha de trigo branca (225 g) • 1 colher (chá) de sal (5 g) • 2 colheres (chá) de bicarbonato de sódio (10 g) • 1½ xícara de água filtrada • 2 colheres (chá) de suco de limão • óleo suficiente para untar a fôrma

10 fatias

Como fazer...

1. Preaqueça o forno a 200 °C por cerca de 15 minutos antes de assar o pão. O forno deve estar bem quente para a massa crescer.
2. Em um recipiente grande, coloque as farinhas, o sal e o bicarbonato. Misture bem e adicione a água misturada com o suco de limão aos poucos, com uma colher. Mexa até obter uma massa lisa e grudenta. Não precisa sovar.
3. Unte uma fôrma de pão (23 x 10 cm) com óleo e transfira a massa para a fôrma. Nivele com a colher e faça um corte na superfície, no sentido do comprimento, para ajudar o pão a crescer de maneira uniforme.
4. Leve ao forno preaquecido por cerca de 40 minutos, ou até ficar bem dourado e com uma casquinha crocante.
5. Retire do forno e desenforme sobre uma grelha, para não acumular vapor e amolecer a casca. Deixe esfriar antes de cortar. Dura cerca de 4 dias.

• Você pode consumir este pão com pasta de amêndoas com cacau (p. 53), geleia de abacaxi (p. 57), ricota de tofu com ervas (p. 54), antepasto de pimentões (p. 83) ou patê de sementes (p. 87).

PASTA DE AMÊNDOAS COM CACAU

Você vai precisar de...

1½ xícara de amêndoas (220 g) • ½ xícara de açúcar mascavo peneirado (60 g) • 1 xícara de leite de coco (p. 26) • ¼ de xícara de cacau em pó (30 g) • 1 colher (chá) de extrato de baunilha, opcional

Como fazer...

1 Preaqueça o forno a 160 °C.
2 Espalhe as amêndoas em uma assadeira e leve ao forno por cerca de 10 minutos. Mexa depois de 5 minutos, para tostarem por igual e não queimarem.
3 Transfira as amêndoas para o processador enquanto ainda estão quentes. Bata até virar uma farinha, desligando de vez em quando para raspar a lateral do copo do processador.
4 Adicione os demais ingredientes e bata até obter uma mistura homogênea. Não se preocupe se a pasta parecer muito líquida – ela vai ficar mais consistente depois de refrigerada.
5 Despeje a pasta em um pote de vidro e vede bem. Conserve na geladeira. Dura cerca de 7 dias.

Ricota de tofu com ervas

Você vai precisar de...

1 peça de tofu firme (250 g, drenado) • 4 colheres (chá) de suco de limão • ½ colher (chá) de manjericão seco • ½ colher (chá) de orégano seco • ½ colher (chá) de sal (3 g)

Como fazer...

1. Retire o tofu da água que o conserva e envolva-o com um pano de prato limpo e seco. Coloque algum peso por cima por cerca de 10 minutos, para pressionar e drenar a água.
2. Esfarele bem o tofu com um garfo.
3. Coloque todos os ingredientes em um recipiente e misture.
4. Experimente e ajuste os temperos a gosto, se necessário.
5. Transfira para um frasco de vidro fechado e guarde na geladeira. Dura cerca de 3 dias.

1 xícara

É possível também fazer ricota com o bagaço que sobra da produção do leite de amêndoas. Para ver a receita, acesse o QR Code.

Geleia de Abacaxi

Você vai precisar de...

3 xícaras de abacaxi cortado em cubinhos (600 g) • ½ xícara de água filtrada • 1 colher (chá) de extrato de baunilha, opcional • 1 colher (chá) de chia (3 g)

1 ¼ xícara

Como fazer...

1. Em uma panela coloque o abacaxi, a água e o extrato de baunilha. Leve ao fogo médio e cozinhe por cerca de 20 minutos a partir do momento em que levantar fervura, ou até a quantidade de líquido reduzir pela metade.
2. Transfira a mistura ainda quente para o liquidificador e pulse rapidamente para triturar os pedaços mais duros que não se desmancharam no cozimento. Não precisa bater por muito tempo, você pode deixar a geleia com alguns pedaços de abacaxi, para dar textura e consistência.
3. Transfira para um frasco de vidro e adicione a chia. Misture bem e deixe esfriar em temperatura ambiente.
4. Conserve na geladeira. Dura cerca de 5 dias.

- Quanto mais maduro o abacaxi estiver, mais doce será a geleia. Assim você não precisa utilizar açúcar para adoçar.

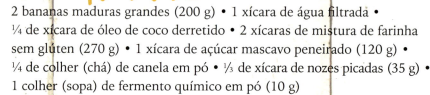
Bolo de banana com nozes

8 pedaços

Você vai precisar de...

2 bananas maduras grandes (200 g) • 1 xícara de água filtrada • ¼ de xícara de óleo de coco derretido • 2 xícaras de mistura de farinha sem glúten (270 g) • 1 xícara de açúcar mascavo peneirado (120 g) • ¼ de colher (chá) de canela em pó • ⅓ de xícara de nozes picadas (35 g) • 1 colher (sopa) de fermento químico em pó (10 g)

Como fazer...

1. Preaqueça o forno a 180 °C.
2. Coloque no liquidificador as bananas descascadas e cortadas em rodelas, a água e o óleo de coco. Bata até obter um creme homogêneo.
3. Transfira o creme para um recipiente grande e adicione aos poucos a farinha, o açúcar e a canela. Misture bem entre cada adição, para não empelotar ou formar grumos.
4. Adicione as nozes e o fermento. Misture delicadamente até incorporá-los à massa.
5. Unte uma fôrma redonda (20 cm de diâmetro) com óleo e polvilhe um pouco de farinha sem glúten.
6. Despeje a massa e leve ao forno preaquecido por cerca de 25 minutos. Verifique o cozimento inserindo um palito no centro do bolo. Se sair limpo, significa que está bem assado. Desenforme só depois de esfriar.

No blog você encontra a receita da mistura de farinha sem glúten que utilizei. Para acessar, utilize o QR Code. 😊

Bolo Gelado de tapioca com coco

Você vai precisar de...

3 xícaras de leite de coco • 1 xícara de açúcar demerara (210 g) • 1 xícara de coco ralado seco (80 g) + um pouco para polvilhar • 1 colher (sopa) de chia (10 g), opcional • 1 xícara de tapioca granulada (165 g) • óleo suficiente para untar a fôrma

Como fazer...

1. Coloque em uma panela grande o leite de coco, o açúcar demerara, o coco ralado e a chia. Mexa bem até obter uma mistura homogênea. Leve ao fogo médio até ferver.
2. Adicione a tapioca granulada aos poucos, mexendo sempre para não empelotar. Continue mexendo até engrossar e formar bolhas de ar. Desligue o fogo.
3. Unte uma fôrma de pão (23 x 10 cm) ou de pudim (20 cm de diâmetro) com óleo e despeje a mistura. Espalhe bem e pressione de leve com as costas de uma colher umedecida com água, para que fique compacta. Deixe esfriar em temperatura ambiente.
4. Leve à geladeira por cerca de 3 horas ou até firmar.
5. Desenforme o bolo e polvilhe com coco ralado a gosto. Sirva gelado. Dura cerca de 6 dias na geladeira.

- O leite de coco pode ser substituído por leite de amêndoas ou de amendoim para variar o sabor.
- Se estiver usando leite de coco caseiro, você pode usar o bagaço que sobrou do leite no lugar do coco ralado.

10 pedaços

Muffins de castanha-do-pará

Você vai precisar de...

½ xícara de castanha-do-pará (80 g) • ¾ de xícara de água filtrada (200 ml) • 2 colheres (sopa) de óleo de coco derretido • 1 xícara de farinha de trigo integral (160 g) • ½ xícara de farinha de aveia (60 g) • 1 xícara de açúcar mascavo peneirado (120 g) • 1 colher (sopa) de fermento químico em pó (10 g)

Como fazer...

1. Preaqueça o forno a 180 °C.
2. Coloque no liquidificador as castanhas, a água e o óleo de coco. Bata bem até obter uma mistura homogênea, sem pedacinhos de castanha.
3. Transfira para um recipiente grande e adicione aos poucos as farinhas e o açúcar mascavo. Misture bem entre cada adição, para não empelotar a massa.
4. Adicione o fermento e misture delicadamente até incorporar na massa.
5. Encha as fôrmas de muffins (ver dica) até aproximadamente ⅔ da capacidade e leve ao forno preaquecido por cerca de 30 minutos. Verifique o cozimento inserindo um palito no centro do muffin. Se sair limpo, significa que está bem assado.
6. Retire do forno e deixe esfriar antes de consumir.

- O óleo de coco pode ser substituído por óleo de girassol na mesma quantidade.
- Para fazer muffins, sempre utilizo forminhas de silicone. Elas não geram lixo como as de papel, são reutilizáveis e fáceis de desenformar. Se você costuma fazer muffins e cupcakes, sugiro que faça esse investimento.

No blog você encontra uma receita de muffins de amêndoas com tangerina, que também é uma delícia! Para acessar, basta utilizar o QR Code. 😊

cuca de uva com castanha

Você vai precisar de...

1½ xícara de uvas frescas (220 g) **Para a farofa** 5 castanhas-do-pará grandes (22 g) • ½ xícara de farinha de trigo integral (80 g) • 4 colheres (sopa) de açúcar demerara (45 g) • 2 colheres (sopa) de água filtrada • 2 colheres (sopa) de óleo de coco derretido • 1 colher (chá) de extrato de baunilha, opcional **Para a massa** 1 xícara de farinha de trigo branca (135 g) • ½ xícara de farinha de trigo integral (80 g) • ½ xícara de açúcar demerara (110 g) • ¾ de xícara de água filtrada morna 2 colheres (sopa) de óleo de coco derretido • ½ colher (sopa) de fermento químico em pó (5 g)

Como fazer...

1. Preaqueça o forno a 200 °C.
2. Lave as uvas, corte ao meio e retire as sementes. Reserve.
3. Comece pela farofa. Pique bem as castanhas-do-pará e coloque em um recipiente com os demais ingredientes. Mexa com a ponta dos dedos até formar grumos soltos. Se necessário, adicione um pouco mais de água ou óleo. Cuidado para não deixar muito úmida e pesada. Reserve.
4. Em outro recipiente, prepare a massa. Adicione as farinhas, o açúcar, a água e o óleo de coco. Misture bem até obter uma massa lisa.
5. Adicione o fermento e misture delicadamente até incorporá-lo à massa.
6. Unte e enfarinhe uma fôrma redonda (20 cm de diâmetro) e despeje a massa. Distribua as uvas por cima de toda a massa. Por último, espalhe a farofa por cima das uvas.
7. Leve ao forno preaquecido por cerca de 40 minutos, ou até que você fure o bolo com um palito e ele saia limpo.

- Asse a cuca na parte inferior do forno. Como as uvas soltam bastante água, a massa vai ficar mais úmida e vai demorar mais tempo para assar que a farofa. Assim, se o bolo for assado na parte inferior, a farofa vai assar lentamente, sem ter o perigo de queimar em pouco tempo.

8 pedaços

Biscoito de Fubá

28 biscoitos

Você vai precisar de...

1 xícara de fubá (140 g) • 1 xícara de farinha de aveia (sem glúten, se necessário) (120 g) • ½ xícara de açúcar demerara (110 g) • ¼ de xícara de óleo de coco derretido • ½ colher (chá) de sementes de erva-doce, opcional • 1 colher (chá) de bicarbonato de sódio (5 g) • ½ xícara de água filtrada • 1 colher (chá) de suco de limão

Como fazer...

1. Preaqueça o forno a 180 °C.
2. Coloque todos os ingredientes em um recipiente e misture até obter uma bola de massa lisa e homogênea que não grude nas mãos.
3. Modele os biscoitos com as mãos, formando bolinhas e depois achatando-as. Use uma colher para medir a quantidade de massa de cada um.
4. Coloque em uma assadeira untada com óleo ou forrada com papel-manteiga. Deixe pelo menos 3 cm de espaço entre as bolinhas, pois elas vão crescer bastante quando assarem.
5. Leve ao forno preaquecido por cerca de 30 minutos. Vire os biscoitos com cuidado aos 20 minutos, para assar do outro lado.
6. Retire do forno e espere esfriar. Não se preocupe se os biscoitos estiverem um pouco úmidos e macios ao sair do forno – ao esfriar, eles ficarão crocantes.
7. Transfira para um frasco de vidro fechado e armazene em temperatura ambiente. Duram cerca de 5 dias.

mingau de AVEIA

Você vai precisar de...

1⅓ xícara de leite de coco (p. 26) • ½ xícara de aveia em flocos finos (sem glúten, se necessário) (50 g) • 1½ colher (sopa) de melado de cana • 2 colheres (chá) de chia (6 g), opcional • 1 colher (chá) de cacau em pó • ½ colher (chá) de canela em pó

Como fazer...

1. Coloque o leite de coco em uma panela e leve ao fogo até levantar fervura.
2. Desligue o fogo e adicione os demais ingredientes, mexendo bem até o mingau ficar homogêneo.
3. Tampe a panela e deixe os ingredientes hidratando por cerca de 5 minutos.
4. Sirva ainda quente, com oleaginosas e frutas frescas a gosto. Servi o meu com amêndoas e goiaba.

- Apesar de não ficar tão gostoso, o leite de coco pode ser substituído por água filtrada. Para ficar tão bom quanto, substitua por leite de amêndoas ou de avelãs.

1 porção

MEXIDO
de grão-de-bico

Você vai precisar de...

1 xícara (175 g) de grão-de-bico cozido e escorrido • 1 colher (sopa) de azeite de oliva • 1 dente de alho picado (3 g) • ½ colher (chá) de sal (3 g) • ¼ de colher (chá) de cominho em pó • ¼ de colher (chá) de cúrcuma em pó

1 porções

Como fazer...

1 Espalhe o grão-de-bico sobre um prato e amasse grosseiramente com um garfo.
2 Em uma frigideira funda, aqueça o azeite e refogue o alho até dourar levemente.
3 Adicione o grão-de-bico amassado, o sal, o cominho e a cúrcuma. Misture bem e refogue por cerca de 1 minuto.
4 Desligue o fogo e sirva ainda quente sobre fatias de pão, torradas, ou como recheio de tapioca.

- Se você achar que o mexido ficou muito seco depois de refogado, adicione 1 ou 2 colheres (sopa) de água e mexa novamente.

PANQUECA DE INHAME

Você vai precisar de...
1 inhame pequeno (100 g) • ½ xícara de água filtrada • 2 colheres (sopa) de melado de cana • 1 xícara de farinha de aveia (sem glúten, se necessário) (120 g) • 1 colher (chá) de fermento químico em pó (5 g) • óleo suficiente para untar a frigideira

5 panquecas

Como fazer...
1. Descasque o inhame e corte em pedaços pequenos. Coloque no liquidificador juntamente com a água e o melado. Bata bem até obter uma mistura homogênea.
2. Transfira para um recipiente e adicione a farinha de aveia. Misture bem até a massa ficar lisa.
3. Adicione o fermento e misture delicadamente até incorporá-lo à massa.
4. Aqueça uma frigideira em fogo médio. Unte levemente com óleo e despeje uma porção de massa. Frite até a panqueca dourar e desgrudar da frigideira. Vire e frite também do outro lado, até dourar. Repita esse processo até a massa acabar.
5. Sirva as panquecas mornas, com calda ou melado a gosto.

• Na página 141, você encontra a receita da calda de jabuticaba que usei para cobrir as panquecas da foto. Fica uma delícia! 😊

Entradas e Acompanhamentos

Vai receber amigos ou familiares e não quer fazer feio? Nas próximas páginas você encontrará receitas perfeitas para recebê-los. Garanto que todos vão gostar e pedir mais. Para beliscar, nada como um croquete de palmito sequinho e crocante; só de sentir o cheiro os convidados já vão ficar com água na boca.

Agora, se quiser algo mais leve, sugiro o bolinho de aipim com tomate seco. Dá um pouco mais de trabalho para fazer, mas vale a pena! Você pode preparar no dia anterior, armazenar na geladeira e assar um pouco antes de servir.

Se você e seus convidados adoram algo crocante, tenho certeza de que vão amar o chips de banana e o crocante de polvilho. São muito simples e rápidos de fazer, fora que levam poucos ingredientes. Podem ser servidos com o saboroso antepasto de pimentões, o patê de sementes ou com a inigualável geleia de pimenta agridoce.

Se a ideia é fazer algo para acompanhar o prato principal, os legumes assados com ervas são sucesso na certa. Ficam bem suculentos e perfumados, além de serem fáceis de preparar. Já o purê de couve-flor com batata tem uma combinação de sabores de dar água na boca com uma cremosidade irresistível. 😊

CROQUETE DE PALMITO

Você vai precisar de...
1 colher (sopa) de óleo vegetal + um pouco para fritar por imersão •
2 dentes de alho picados (10 g) • 2 colheres (sopa) de pimentão picado
(20 g) • 2 xícaras de palmito picado (300 g) • 1 colher (chá) de sal (5 g) •
pimenta-do-reino a gosto • ½ xícara de água filtrada, se necessário + um
pouco para banhar os croquetes • 1/3 de xícara de farinha de mandioca fina
(60 g) + um pouco para empanar • 1/3 de xícara de cebolinha picada (35 g)

Como fazer...

1 Aqueça o óleo em uma panela, junte o alho e o pimentão e refogue por cerca de 1 minuto. Acrescente o palmito, o sal, a pimenta-do-reino e misture bem. Caso esteja usando palmito fresco, adicione ½ xícara de água para cozinhar até ficar macio. Se estiver usando palmito em conserva, não adicione água, só refogue por alguns minutos. Não importa se o palmito é fresco ou não, o refogado não pode ficar muito úmido. Abaixe o fogo e cozinhe por alguns minutos, mexendo de vez em quando, até que seque bem a água.

2 Desligue o fogo e adicione a farinha de mandioca e a cebolinha picada. Misture bem até a massa ficar homogênea e dar liga. Espere amornar.

3 Modele os croquetes do tamanho que preferir. Separe a massa em porções, forme bolinhas com as mãos e role sobre uma superfície plana, para que os croquetes fiquem cilíndricos.

4 Separe dois recipientes, um com água e outro com farinha de mandioca. Mergulhe os croquetes rapidamente na água e passe na farinha de mandioca, cobrindo bem toda a superfície. Repita esse processo com todos os croquetes.

5 Aqueça o óleo e frite por imersão, aos poucos, até dourarem e ficarem com uma casquinha crocante. Escorra em papel-toalha e sirva ainda quentes.

- Você pode servir com geleia de pimenta (p. 80), como na foto.
- Se preferir, asse os croquetes no forno preaquecido a 180 °C por cerca de 20 minutos. Eles não ficam tão crocantes, mas são muito gostosos também. Nesse caso, não precisa empanar com farinha de mandioca.

10 croquetes

Bolinho de Aipim com Tomate Seco

Você vai precisar de...

Para a massa aipim descascado (400 g) • 1 colher (chá) de sal (5 g) • 1 colher (sopa) de azeite de oliva **Para o recheio** 1 xícara de tomates secos (80 g) • ¼ de xícara de azeitonas sem caroço picadas (40 g) • 1 colher (chá) de azeite de oliva • ¼ de colher (chá) de páprica defumada • ¼ de colher (chá) de sal

Como fazer...

1. Corte o aipim em pedaços médios. Transfira para uma panela de pressão e cubra os pedaços com água filtrada.
2. Adicione o sal, tampe a panela e leve ao fogo alto. Assim que começar a chiar, reduza o fogo e deixe cozinhar por cerca de 20 minutos. Desligue o fogo e espere toda a pressão sair antes de abrir a panela.
3. Enquanto o aipim cozinha, coloque os tomates secos em um recipiente e cubra com água filtrada morna. Deixe hidratar por cerca de 15 minutos, ou até ficarem gordinhos e macios.
4. Escorra os tomates e corte em cubinhos. Transfira para um recipiente e adicione os demais ingredientes do recheio. Misture até incorporar bem.
5. Escorra a água do aipim. Enquanto ainda estiver quente, amasse com um garfo até obter um purê. Adicione o azeite e misture bem. Reserve até esfriar.
6. Preaqueça o forno a 200 °C.
7. Pegue uma porção de massa e forme uma bolinha com as mãos. Achate e coloque um pouco de recheio no centro. Feche bem e disponha sobre uma assadeira untada com óleo, caso não seja antiaderente. Repita esse processo até a massa acabar. Caso a massa grude nas mãos, unte as palmas com um pouco de óleo.
8. Leve ao forno preaquecido por cerca de 30 minutos ou até dourar.
9. Retire do forno e sirva os bolinhos ainda quentes.

16 bolinhos

Geleia de PIMENTA

Você vai precisar de...

5 pimentas dedo-de-moça pequenas (25 g) • 1 maçã grande (190 g) • 2 dentes de alho (10 g) • ½ xícara de açúcar demerara (110 g) • 1 xícara de água filtrada

3/4 xícara

Como fazer...

1 Corte as pimentas ao meio no sentido do comprimento e retire as sementes. Pique em pedaços bem pequenos.

2 Descasque a maçã e rale no ralador médio. Meça ½ xícara (125 g) para utilizar na receita.

3 Descasque os dentes de alho e corte ao meio.

4 Misture todos os ingredientes em uma panela e cozinhe em fogo baixo por 20 minutos após levantar fervura.

5 Espere esfriar e retire os dentes de alho.

6 Despeje a geleia em um pote de vidro e vede bem. Conserve na geladeira. Dura cerca de 10 dias.

antepasto de PIMENTÕES

Você vai precisar de...

3 pimentões grandes (500 g) • ¼ de xícara de azeite de oliva • 2 dentes de alho picados (10 g) • 2 colheres (chá) de vinagre de maçã • ½ colher (chá) de sal (3 g)

Como fazer...

1. Preaqueça o forno a 200 °C.
2. Lave os pimentões e corte ao meio no sentido do comprimento. Disponha em uma assadeira um do lado do outro e leve ao forno preaquecido por cerca de 30 minutos. Vire depois de 15 minutos, para assarem por igual.
3. Tire os pimentões do forno e coloque em um recipiente com tampa por cerca de 15 minutos, até formarem bastante vapor e amolecerem.
4. Descasque, tire as sementes e corte em tiras. Não lave os pimentões, para não tirar seu sabor.
5. Em uma panela, aqueça o azeite e refogue o alho. Adicione as tiras de pimentão, o vinagre e o sal. Refogue rapidamente em fogo médio.
6. Espere amornar e transfira para um frasco de vidro fechado. Conserve na geladeira. Dura cerca de 3 dias.

1 ½ xícara

- Este antepasto pode se transformar em um delicioso patê. Basta triturar no liquidificador e acertar a consistência juntando um pouco de água filtrada ou azeite de oliva.
- O vinagre de maçã pode ser substituído por suco de limão-siciliano na mesma quantidade.
- Utilize as variedades que preferir – vermelho, verde ou amarelo.

CROCANTE DE POLVILHO

Você vai precisar de...

1 colher (sopa) de farinha de linhaça (5 g) • ¼ de xícara de água filtrada • 1¾ xícara de polvilho azedo (250 g) • 2 colheres (chá) de açúcar demerara (10 g) • 1 colher (chá) de sal (5 g) • ¼ de colher (chá) de cúrcuma em pó, opcional • ¼ de xícara de óleo vegetal • ¾ de xícara de leite de coco (p. 26)

1 porções

Como fazer...

1. Preaqueça o forno a 200 °C.
2. Em um recipiente pequeno, coloque a farinha de linhaça e adicione 2 colheres (sopa) de água filtrada. Mexa bem e reserve por cerca de 5 minutos, para hidratar. Em outro recipiente, misture o polvilho azedo, o açúcar demerara, o sal e a cúrcuma.
3. Coloque o restante da água e o óleo em uma panela pequena e leve para aquecer em fogo médio. Assim que as primeiras bolhas começarem a subir, desligue o fogo.
4. Aos poucos, regue a mistura de óleo e água quente sobre os ingredientes secos, para escaldar, mexendo com uma colher até obter uma farofa fina.
5. Adicione o leite de coco e misture bem. Depois, acrescente a farinha de linhaça hidratada e misture novamente até incorporar. A massa deve ficar homogênea, lisa e firme o suficiente para ser manuseada com uma colher sem que escorra.
6. Espalhe uma fina camada de massa de cerca de 2 mm sobre um tapete de silicone ou uma assadeira antiaderente. Caso esteja usando uma fôrma de alumínio comum, unte-a bem com óleo.
7. Leve ao forno preaquecido e asse por cerca de 16 minutos ou até ficar dourado e crocante. Depois que esfriar, quebre o crocante com as mãos e guarde em um pote com tampa.

- Antes de assar, você pode polvilhar a massa com sal grosso, gergelim ou ervas, como alecrim, tomilho e orégano. Apesar de a cúrcuma ser opcional, ela deixa o crocante com um tom amarelado lindão! 😍

PATÊ DE SEMENTES

Você vai precisar de...

1 xícara de sementes de girassol cruas e sem casca (140 g) • ½ xícara de sementes de abóbora cruas e sem casca (75 g) • 3⅓ xícaras de água filtrada • ¼ de xícara de azeite de oliva • 1 dente pequeno de alho (2 g) • 2 colheres (sopa) de suco de limão • ½ colher (chá) de sal (3 g)

1 ²⁄₃ de xícara

Atenção: antes de fazer, é necessário um pré-preparo...

Coloque as sementes em um recipiente grande e adicione 3 xícaras de água. Deixe de molho por cerca de 6 horas ou, de preferência, durante a noite.

Como fazer...

1. Escorra e descarte a água da demolha. Lave bem as sementes em água corrente.
2. Transfira para um processador ou liquidificador e adicione os demais ingredientes. Bata bem até obter uma pasta cremosa e homogênea. Se necessário, adicione mais um pouco de água filtrada ou azeite, até obter a consistência desejada.
3. Experimente e ajuste os temperos, se necessário.
4. Transfira para um frasco de vidro fechado e conserve na geladeira. Dura cerca de 5 dias.

Atenção: ao comprar as sementes para esta receita, opte pelas cruas e sem casca. Se for usar as sementes torradas e/ou com casca, vai ser difícil triturar os ingredientes, e o patê não ficará cremoso.

Quer ver como fica a consistência deste patê? Utilize o QR Code para ver um GIF.

Purê de couve-flor com batata

3 porções

Você vai precisar de...
2 batatas médias (350 g) • 1 buquê pequeno de couve-flor (450 g) • 2 colheres (chá) de sal (10 g) • ½ colher (chá) de cominho em pó • pimenta-do-reino a gosto, opcional

Como fazer...
1. Descasque as batatas e corte em pedaços pequenos. Reserve.
2. Lave bem a couve-flor e corte em buquês menores.
3. Coloque as batatas e a couve-flor em uma panela grande e adicione água até cobrir os pedaços. Tempere com sal e leve ao fogo médio. Cozinhe até os pedaços estarem macios.
4. Escorra a água, reservando um pouco, e transfira para o liquidificador. Adicione o cominho e bata bem até obter uma mistura cremosa e homogênea. Se necessário, adicione um pouco da água do cozimento para ajudar as hélices a triturar os ingredientes.
5. Transfira para um recipiente e tempere com mais cominho e pimenta-do-reino a gosto, se desejar. Sirva quente.

legumes assados

Você vai precisar de...

2 cebolas roxas médias (200 g) • 1 chuchu grande (200 g) • 1 batata-doce média (200 g) • 1 cenoura grande (100 g) • 1½ xícara de abóbora descascada e cortada em cubinhos (200 g) • 2 colheres (sopa) de azeite de oliva • 1 colher (chá) de sal (5 g) • 1 ramo de alecrim fresco • 2 ramos de tomilho fresco

Como fazer...

1. Preaqueça o forno a 230 °C.
2. Descasque e corte cada cebola em 8 pedaços, no sentido do comprimento, passando a faca pela raiz sem tirá-la, assim todas as camadas ficam juntas. Reserve.
3. Descasque o chuchu e corte ao meio no sentido do comprimento. Retire a semente e corte novamente ao meio até obter 8 gomos. Se desejar, corte cada um ao meio, no sentido da largura. Reserve.
4. Lave e seque bem a batata (não precisa descascar). Corte em gomos do mesmo jeito que o chuchu. Reserve.
5. Lave e seque bem a cenoura (também não precisa descascar). Corte em rodelas.
6. Coloque todos os legumes em uma assadeira e acrescente o azeite, o sal e as ervas. Misture delicadamente até todos os pedaços estarem envolvidos no azeite e nos temperos.
7. Leve ao forno preaquecido por cerca de 40 minutos ou até que os legumes estejam bem dourados. Mexa delicadamente depois de 20 minutos, para os pedaços assarem por igual. Sirva ainda quentes.

4 porções

- Esta receita é ótima para usar os legumes que estão esquecidos na geladeira, como beterraba, abobrinha, pimentão, tomate, rabanete e nabo.

CHIPS DE BANANA

2 porções

Você vai precisar de...

2 bananas verdes grandes (300 g) • 1 colher (sopa) de óleo de coco derretido + um pouco para untar, se necessário • ½ colher (chá) de sal (3 g) • pimenta-do-reino a gosto • algumas gotas de limão

Como fazer...

1. Preaqueça o forno a 180 °C.
2. Lave as bananas com uma esponja e seque.
3. Fatie no sentido do comprimento (não precisa tirar a casca). Use um descascador de legumes ou um mandolin para obter fatias finas. Lembre-se: quanto mais finas, mais rápido as fatias assam e mais crocantes ficam. Transfira para um recipiente e junte os demais ingredientes. Misture com cuidado.
4. Unte uma assadeira com o óleo de coco, ou se preferir, forre uma assadeira com papel-manteiga e disponha as bananas lado a lado.
5. Leve ao forno por cerca de 25 minutos, ou até que fiquem douradas e crocantes. Vire depois de 12 minutos, para assarem do outro lado.
6. Retire do forno e espere esfriar. Não se preocupe se as bananas estiverem levemente úmidas e macias – ao esfriar, ficarão crocantes. Consuma imediatamente. Se necessário, tempere com mais sal.

- O óleo de coco pode ser substituído por azeite de oliva ou óleo de girassol.
- É importante que as bananas sejam de procedência orgânica, porque esses chips são feitos com a casca, parte da banana que geralmente contém muito agrotóxico.
- Utilize bananas verdes e não maduras. Assim vai ser mais fácil de cortar em fatias finas, por serem mais firmes.

No blog você encontra outra receita de chips, com batata-doce, tão boa quanto esta. Para acessar, utilize o QR Code.

Pratos principais

Contrariando o que muitos pensam por aí, é possível fazer pratos principais sem carne e derivados com muito sabor. Por isso começo esta sessão com uma feijoada vegana incrível! No lugar da carne tem cogumelos shiitake e, para dar aquele gostinho típico, usei páprica defumada. É amor à primeira garfada. 😌

Cogumelos são minha maior paixão. Eles também aparecem em outros pratos nas próximas páginas, como o bobó de shimeji e o estrogonofe de cogumelos. É muita gostosura num prato só! Mas, sou suspeito para falar, né? Outro prato brasileiro que aparece numa versão diferente é o cuscuz paulista de legumes.

O tradicional nhoque italiano, feito de batatas, passou por algumas adaptações e se tornou nhoque de mandioquinha, bem mais gostoso e nutritivo. Servido com um bom molho de tomate e castanha-do--pará ralada fica melhor ainda. Continuando na categoria "pequenos no tamanho e grandes no sabor", tem as almôndegas de quinoa com ervilha. Essas bolinhas assadas leva uma combinação de ingredientes de que gosto muito: ervilha + hortelã + azeite de oliva.

Agora, se o tempo é curto, sugiro você fazer o ensopado de lentilha e abóbora, basta colocar tudo numa panela e cozinhar em poucos minutos. Simples assim! Por falar em simplicidade, o risoto de rúcula e a torta de cebola caramelizada são ridiculamente fáceis de fazer e requerem poucos ingredientes.

E não para por aí, não! Também tem hambúrgueres de falafel e de berinjela. O primeiro é bem parecido com o bolinho de grão-de--bico tradicional, fica até com casquinha crocante. Já o segundo é mais suculento e com sabor defumado. Tem para todos os gostos!

FEIJOADA vegana

Você vai precisar de...

1 colher (sopa) de azeite de oliva • 2 dentes de alho picados (10 g) • ⅓ de xícara de cebola cortada em cubinhos (50 g) • ¼ de xícara de pimentão cortado em tiras (40 g) • 3 cogumelos shiitake grandes (70 g) • 1 colher (chá) de sal (5 g) • ½ colher (chá) de páprica defumada (2 g) • 3 xícaras de feijão-preto, carioca ou vermelho cozido com caldo (750 g) • 1 xícara de água filtrada

4 porções

Como fazer...

1. Aqueça o azeite em uma panela grande. Adicione o alho, a cebola e o pimentão e refogue até dourar.
2. Acrescente os cogumelos picados grosseiramente, o sal e a páprica defumada. Misture bem e salteie em fogo baixo por cerca de 2 minutos, mexendo sem parar para não queimar.
3. Adicione o feijão e a água. Misture tudo e deixe cozinhar por cerca de 10 minutos a partir do momento em que começar a borbulhar, ou até o caldo apurar e engrossar um pouco. Tampe parcialmente a panela para não respingar.
4. Desligue o fogo e experimente. Ajuste os temperos, se necessário.

- Se você prefere um caldo de feijão mais grosso, dissolva 1 colher (sopa) de polvilho doce ou fécula de batata em 1 colher (sopa) de água filtrada. Adicione lentamente ao feijão, mexendo sempre enquanto cozinha, até engrossar.
- Você pode servir a feijoada do jeitinho brasileiro, com arroz integral, couve refogada e fatias de laranja.
- É possível fazer esta feijoada em grande quantidade, congelar em pequenas porções e consumir durante a semana.

Atenção: a páprica defumada é o segredo do sabor defumado e maravilhoso desta feijoada, por isso não pense em substituí-la ou deixá-la de lado. Você a encontra na seção de temperos dos supermercados ou em lojas de produtos naturais.

estrogonofe de COGUMELOS

1 porções

Você vai precisar de...

1 bandeja de cogumelos-de-paris frescos (250 g) • 1 colher (sopa) de azeite de oliva • ½ cebola grande cortada em cubinhos (60 g) • 2 tomates médios cortados em cubinhos (230 g) • 1 colher (chá) de sal (5 g) • ½ colher (chá) de páprica doce, opcional • 1 xícara de creme de castanha (p. 31) • ¼ de xícara de água filtrada

Como fazer...

1. Limpe os cogumelos utilizando papel-toalha ou um pano de prato úmido. Não lave em água corrente, porque os cogumelos absorvem muita água e perdem o sabor. Corte em pedaços e reserve.
2. Aqueça o azeite em uma panela e refogue a cebola até dourar.
3. Adicione os tomates em cubinhos, o sal e a páprica doce. Misture tudo e deixe refogar até os tomates desmancharem.
4. Acrescente os cogumelos reservados, o creme de castanha e a água. Misture bem e cozinhe por cerca de 3 minutos, ou até os cogumelos ficarem bem macios. Sirva quente.

- Os cogumelos oxidam e escurecem ao serem aquecidos. Para evitar isso, você pode pingar algumas gotas de limão sobre eles antes de cozinhar.

Bobó de Shimeji

Você vai precisar de...

1 mandioca pequena (200 g) • 1 bandeja de cogumelos shimeji (200 g) • 1 xícara de leite de coco • 1 colher (sopa) de azeite de dendê • ¼ de xícara de cebola cortada em cubinhos (40 g) • ¼ de xícara de pimentão cortado em cubinhos (50 g) • 1 tomate médio cortado em cubinhos (200 g) • 1 colher (chá) de sal (5 g) • salsinha ou coentro fresco a gosto, opcional

Como fazer...

1. Descasque a mandioca e corte em pedaços pequenos. Coloque em uma panela e cubra com água. Cozinhe em fogo médio até ficar macia.
2. Enquanto cozinha, limpe o shimeji utilizando papel-toalha ou um pano de prato úmido. Não lave em água corrente, porque os cogumelos absorvem muita água e perdem o sabor. Corte a parte inferior do talo, mais dura, e descarte. Desfaça os buquês de shimeji com as mãos. Reserve.
3. Assim que a mandioca estiver cozida, escorra a água e coloque os pedaços ainda quentes no liquidificador. Adicione o leite de coco e bata até obter um creme liso. Reserve.
4. Em uma panela grande, aqueça o azeite de dendê e adicione a cebola e o pimentão. Refogue até que murchem.
5. Adicione o tomate e misture bem. Deixe refogar por alguns minutos, até desmanchar.
6. Acrescente o shimeji reservado, o creme de mandioca e o sal. Mexa bem e deixe cozinhar por cerca de 5 minutos.
7. Retire o bobó do fogo e sirva ainda quente, salpicado com salsinha ou coentro.

3 porções

ALMÔNDEGAS
de quinoa com ervilha

30 almôndegas

Você vai precisar de...
½ xícara de quinoa em grãos (100 g) • 2 xícaras de água filtrada • ½ xícara de ervilhas congeladas (80 g) • 1 colher (chá) de sal (5 g) • pimenta-do-reino a gosto • 2 colheres (sopa) de farinha de linhaça (10 g) • 1 colher (sopa) de azeite de oliva + um pouco para untar a fôrma • 15 folhas de hortelã fresca

Como fazer...
1. Lave a quinoa e coloque em uma panela com a água. Adicione as ervilhas congeladas, o sal e a pimenta-do-reino, caso queira. Cozinhe até a água secar bem.
2. Desligue o fogo e acrescente a farinha de linhaça, o azeite de oliva e a hortelã picada fino. Misture bem até a massa ficar homogênea e dar liga. Espere amornar.
3. Preaqueça o forno a 180 °C e unte uma assadeira com azeite.
4. Modele as almôndegas formando bolinhas com as mãos. Utilize uma colher (sopa) para medir a quantidade de massa de cada uma.
5. Transfira para a assadeira e leve ao forno preaquecido por cerca de 25 minutos, ou até dourar.

- Você pode servir estas almôndegas acompanhadas de macarrão e um bom molho de tomate.

torta de cebola caramelizada

Você vai precisar de...
10 cebolas médias (1,3 kg) • 3 colheres (sopa) de azeite de oliva • 1 colher (chá) de sal (5 g) • ¼ de xícara de vinho branco seco • 1 base de massa de torta salgada (p. 35)

8 pedaços

Como fazer...
1. Descasque as cebolas e corte ao meio no sentido do comprimento. Corte os pedaços em meias-luas finas.
2. Aqueça o azeite em uma panela grande. Adicione as cebolas, tempere com sal e refogue durante 30 minutos ou até que caramelizem, mexendo frequentemente para não queimarem. Depois de 15 minutos, adicione o vinho branco e termine de refogar.
3. Transfira as cebolas caramelizadas para a base de massa já assada. Cubra toda a massa e nivele as cebolas com uma colher. Não precisa levar a torta ao forno novamente. Sirva quente.

- Para cortar as cebolas sem lacrimejar, coloque uma panela com água fervendo ao lado. O vapor empurra a umidade que a cebola solta e que irrita os olhos.
- Caso não tenha vinho branco seco, substitua pela mesma quantidade de água filtrada, mas a cebola não ficará tão saborosa e caramelizada.

ENSOPADO de lentilha e abóbora

3 porções

Você vai precisar de...

1 xícara de lentilha crua (195 g) • 1 xícara de abóbora cortada em cubinhos (140 g) • 2 colheres (chá) de suco de limão • 2 dentes de alho amassados (10 g) • 1 colher (chá) de páprica doce (3 g) • ½ colher (chá) de sal (3 g) • 6 xícaras de água filtrada

Como fazer...

1 Coloque todos os ingredientes em uma panela e cozinhe até a lentilha ficar macia. Acrescente mais um pouco de água, se necessário.
2 Experimente e ajuste os temperos, caso desejar. Sirva quente.

- Para a lentilha cozinhar mais rápido, você pode cobri-la de água e deixá-la de molho por 2 horas. Depois, descarte a água da demolha e use normalmente. Nesse caso, diminua a quantidade de água do cozimento.

- O suco de limão pode ser substituído por vinagre de maçã na mesma quantidade. Você também pode substituir a páprica doce pela defumada. Nesse caso, utilize apenas metade.

HAMBÚRGUER DE FALAFEL

Você vai precisar de...
1 xícara de grão-de-bico cru (190 g) • 3 xícaras de água filtrada para demolhar • 2 colheres (sopa) de azeite de oliva • 1 colher (sopa) de suco de limão • 1 dente de alho (3 g) • ½ xícara de salsinha fresca picada • 1 colher (chá) de sal (5 g) • ½ colher (chá) de cominho • ½ xícara de farinha de rosca (85 g)

Atenção: antes de fazer, é necessário um pré-preparo...
Coloque o grão-de-bico em um recipiente e adicione 3 xícaras de água. Deixe de molho por cerca de 8 horas para hidratar os grãos e facilitar o processamento.

Como fazer...
1 Escorra a água da demolha e lave os grãos.
2 Transfira para um processador e adicione o azeite de oliva, o suco de limão, o alho, a salsinha e tempere com sal e cominho. Bata até obter uma mistura granulada e homogênea.
3 Acrescente a farinha de rosca e bata até a massa dar liga. Se ficar muito quebradiça, adicione um pouco de água filtrada.
4 Separe a massa em cinco porções e modele os hambúrgueres, formando bolinhas e depois achatando-as cuidadosamente.
5 Aqueça um frigideira com um fio de azeite e frite os hambúrgueres dos dois lados até dourar.

- Se preferir, asse os hambúrgueres. Para isso, leve ao forno preaquecido a 200 °C por cerca de 20 minutos. Vire depois de 10 minutos, para assarem por igual.
- Se não for consumir todos os hambúrgueres, armazene-os sem fritar em um recipiente, separados por folhas de papel-manteiga ou por filme de PVC. Eles duram cerca de 2 meses congelados. Quando for preparar, retire do freezer 1 hora antes, para descongelar. Assim poderá fritá-los uniformemente.

5 porções

NHOQUE DE MANDIOQUINHA

2 porções

Você vai precisar de...

6 mandioquinhas pequenas (500 g) • 2 colheres (chá) de sal (10 g) • pimenta-do-reino a gosto • 2 colheres (sopa) de azeite de oliva • ½ xícara de fécula de batata (70 g) + um pouco para moldar

Como fazer...

1. Descasque e corte em pedaços as mandioquinhas. Transfira para uma panela e cubra com água. Leve ao fogo e cozinhe até ficarem macias.
2. Escorra a água do cozimento e coloque a mandioquinha em uma tigela. Esprema com um garfo enquanto ainda está quente, até formar um purê liso.
3. Deixe esfriar por completo para o excesso de água evaporar. Para acelerar essa etapa, você pode espalhar o purê sobre um recipiente grande.
4. Adicione metade do sal, a pimenta-do-reino a gosto (caso queira), o azeite de oliva e a fécula de batata. Misture tudo até obter uma bola de massa homogênea que não grude nas mãos. Se necessário, adicione mais fécula de batata.

No blog você encontra uma receita de nhoque com abóbora, tão boa quanto esta. Para acessar, utilize o QR Code.

5 Transfira a massa para uma superfície de trabalho limpa e faça pequenos rolos de aproximadamente 1,5 cm de diâmetro. Corte em pedaços de 2 cm e reserve. Se necessário, espalhe um pouco de fécula sobre a superfície, para a massa não grudar.

6 Leve uma panela grande com água ao fogo alto. Assim que a água ferver, adicione o restante do sal.

7 Com uma escumadeira, mergulhe cerca de 10 nhoques por vez na água fervente. Deixe cozinhar até que subam à superfície. Retire os nhoques, escorrendo bem a água, e transfira para uma travessa. Repita o processo até cozinhar todos.

8 Sirva os nhoques ainda quentes.

- Os nhoques podem ser servidos com um bom molho de tomate e salpicados com castanhas-do-pará raladas.
- Após cozinhar os nhoques, você pode dourá-los, para que fiquem levemente crocantes. Para isso, leve uma frigideira grande, de preferência antiaderente, ao fogo médio. Aqueça ½ colher (sopa) de azeite de oliva e adicione alguns nhoques por vez. Deixe por cerca de 1 minuto de cada lado, para dourarem por igual. Transfira para um recipiente e doure o restante, adicionando azeite a cada leva.

Foto na página 112

Receita na página 110

Receita na página 114

Hambúrguer de Berinjela

6 hambúrgueres

Você vai precisar de...
2 berinjelas grandes (600 g) • 1 colher (sopa) de óleo vegetal + um pouco para fritar • 2 dentes de alho picados (10 g) • ½ xícara de cebolinha fresca picada (35 g) • 1 colher (chá) de sal (5 g) • 1 colher (chá) de páprica defumada (3 g) • ½ xícara de farinha de mandioca fina (90 g)

Como fazer...
1. Preaqueça o forno a 200 °C.
2. Lave bem e seque as berinjelas. Corte em cubinhos e transfira para uma assadeira. Não precisa descascar, mas caso você não goste da casca, pode tirar.
3. Leve ao forno preaquecido por cerca de 20 minutos ou até os cubos murcharem e ficarem macios. Mexa depois de 10 minutos, para que assem por igual.
4. Tire do forno e espere esfriar.
5. Envolva os cubos de berinjela em um pano de prato limpo e seco, e pressione com as mãos para retirar o excesso de água. Reserve.
6. Aqueça o óleo em uma panela e refogue o alho até dourar.

7 Adicione a berinjela reservada, a cebolinha, o sal e a páprica defumada. Refogue ligeiramente.

8 Transfira para um processador e bata até obter uma mistura homogênea. Adicione a farinha de mandioca e bata novamente até incorporar.

9 Separe a massa em seis porções. Modele os hambúrgueres formando bolinhas e depois achate-as.

10 Aqueça uma frigideira com um fio de azeite e frite os hambúrgueres dos dois lados até que dourem.

- Você pode servir este hambúrguer no pão, acompanhado de alface, tomate, cebola roxa e patê de sementes (p. 87). Se preferir, asse os hambúrgueres. Para isso, leve-os ao forno preaquecido a **200 °C** por **cerca de 15 minutos**.
- Se não for consumir todos os hambúrgueres, armazene-os **sem fritar** em um recipiente, separados por folhas de papel-manteiga ou filme de PVC. Eles duram **cerca de 2 meses** congelados. Quando for preparar, retire do freezer 1 hora antes para descongelar, assim fritarão uniformemente.
- A farinha de mandioca pode ser substituída por farinha de rosca na mesma quantidade. Nesse caso, no entanto, os hambúrgueres conterão glúten.

Foto na página 113

Risoto de rúcula

Você vai precisar de...
1 colher (sopa) de azeite de oliva • ½ xícara de cebola cortada em cubinhos (100 g) • 1 xícara de arroz arbóreo (200 g) • ¼ de xícara de vinho branco • 3 xícaras de água filtrada • 1 colher (chá) de sal (5 g) • pimenta-do-reino a gosto • ¼ de xícara de rúcula bem picada

Como fazer...
1. Aqueça o azeite em uma panela e refogue a cebola até dourar e murchar.
2. Adicione o arroz arbóreo e refogue por cerca de 2 minutos, mexendo sempre, para não queimar.
3. Acrescente o vinho branco e misture bem, até evaporar.
4. Adicione a água e tempere com sal e pimenta-do-reino. Cozinhe em fogo médio até o arroz ficar macio e cremoso. Se necessário, adicione mais água.
5. Desligue o fogo e adicione a rúcula picada. Misture bem e sirva ainda quente.

- Você pode substituir a água pela mesma quantidade de caldo de legumes, assim o risoto vai ficar bem mais saboroso. Para a receita do caldo, veja a página 25.

2 porções

Cuscuz Paulista de Legumes

Você vai precisar de...

1 colher (sopa) de azeite de oliva + um pouco para untar a fôrma • ½ xícara de cebola cortada em cubinhos (75 g) • ½ xícara de milho cozido (90 g) • ½ xícara de ervilhas congeladas (80 g) • 1 xícara de palmito cortado em cubinhos (160 g) • 1½ xícara de tomate cortado em cubinhos (275 g) • 2 xícaras de caldo de legumes (p. 25) • 1 colher (chá) de sal (5 g) • ¼ de xícara de salsinha fresca picada • 1½ xícara de farinha de milho (190 g)

Como fazer...

12 fatias

1. Aqueça o azeite em uma panela grande e refogue a cebola até dourar e murchar. Junte o milho, a ervilha, o palmito e o tomate. Misture bem e refogue por cerca de 3 minutos. Adicione o caldo de legumes e tempere com sal. Cozinhe em fogo médio por cerca de 5 minutos a partir do momento em que começar a borbulhar.

2. Enquanto cozinha, unte uma fôrma de pudim (20 cm de diâmetro) com azeite e reserve.

3. Adicione a salsinha picada e polvilhe a farinha de milho aos poucos, misturando com uma colher, para não empelotar. Mexa por mais 2 minutos, até que engrosse, e desligue o fogo. A massa deve ficar consistente, úmida e não esfarelenta. Se necessário, adicione um pouco de água filtrada.

4. Transfira o cuscuz para a fôrma, apertando a massa com uma colher para compactar. Deixe esfriar em temperatura ambiente. Leve à geladeira por cerca de 3 horas ou até firmar.

5. Desenforme passando uma faca na lateral, para facilitar. Sirva o cuscuz gelado ou em temperatura ambiente. Conserve na geladeira. Dura cerca de 3 dias.

- O caldo de legumes pode ser substituído pela mesma quantidade de água filtrada, porém o cuscuz não fica tão saboroso. Se preferir, utilize 1 xícara de caldo de legumes e 1 xícara de água filtrada.
- Você pode substituir a salsinha pela mesma quantidade de cebolinha.

Sobremesas

Já pensou em se deliciar com uma sobremesa sem ter que carregar o peso da culpa depois? Pois então, isso é possível, sem sombra de dúvida! Nas próximas páginas você encontrará receitas saudáveis de dar água na boca. Ninguém vai dizer que a torta de chocolate com maracujá é feita com biomassa de banana verde, ou que as trufas de chocolate levam batata-doce. É só não contar, e todo mundo vai se empanturrar sem ideias preconcebidas.

Além disso, tem creme de morango, que, como o próprio nome já revela, é supercremoso! Não leva açúcar, mas é irresistível, ainda mais se estiver gelado. Ah, e por falar em sobremesa gelada, tem manjar de coco por aqui. Em vez de ameixa seca, leva jabuticaba, frutinha brasileira tão amada por muitos. Outra fruta nacional que aparece por aqui é a goiaba, em um cheesecake lindo de morrer. ♥

Agora, se o negócio é enfiar o pé na jaca, aproveite e faça o pavê de amendoim. Digamos que é o doce menos saudável desta seção, mas, cá entre nós, para mim não existe sobremesa mais reconfortante que esta. Lembro até hoje os pavês de chocolate em travessa de pirex que minha mãe fazia nos meus aniversários de criança. Ficava torcendo para sobrar para o dia seguinte.

E, para fechar esta seção, refresque-se com duas maravilhas superpráticas e leves, perfeitas para uma tarde de verão ensolarada: raspadinha de açaí com um toque azedinho de limão e um ultracremoso sorvete de banana com pasta de amendoim que só leva dois ingredientes. Ops! Acabei contando quais são!

torta de CHOCOLATE com MARACUJÁ

Você vai precisar de...

1 receita de massa de torta doce (p. 32) **Para o recheio** 2 xícaras de biomassa de banana (500 g; p. 20) • ¾ de xícara de chocolate 70% cacau, sem leite, picado (100 g) • ¾ de xícara de açúcar mascavo peneirado (100 g) **Para a cobertura** 3 colheres (sopa) de polpa de maracujá com sementes • 3 colheres (sopa) de água filtrada • 2 colheres (sopa) de açúcar demerara (22 g) • 2 colheres (chá) de polvilho doce (4 g)

8 pedaços

Como fazer...

1. Comece preparando a base de massa doce de acordo com a receita da página 32. Reserve.
2. Prepare o recheio juntando todos os ingredientes em uma panela e levando ao fogo médio. Mexa sem parar até o chocolate derreter e a mistura ficar homogênea. Desligue o fogo.
3. Cubra a massa já assada com o recheio. Espalhe bem e nivele com as costas de uma colher umedecida com água. Reserve.
4. Para preparar a cobertura, junte todos os ingredientes em uma panela até o polvilho dissolver bem. Leve ao fogo médio, mexendo sem parar até engrossar. É normal a mistura ficar bem espessa e consistente. Desligue o fogo.
5. Despeje a cobertura sobre o recheio e espalhe bem.
6. Leve a torta à geladeira por cerca de 4 horas, ou até firmar. O recheio e a cobertura devem ficar bem consistentes.
7. Desenforme a torta e sirva gelada. Dura cerca de 5 dias na geladeira.

Quer ver como fica a consistência desta torta? Utilize o QR Code para ver um GIF.

• Caso você utilize a biomassa congelada, esquente-a em banho-maria até que amoleça e fique cremosa. Meça a quantidade indicada na receita e utilize normalmente.

CHEESECAKE
de goiaba

Você vai precisar...

Para a base ½ xícara de amêndoas (80 g) • ½ xícara de farinha de aveia (sem glúten, se necessário) (60 g) • 1 colher (sopa) de melado de cana • 2 colheres (sopa) de água filtrada **Para o recheio** 1 peça de tofu firme prensado (500 g) • ¼ de xícara de açúcar demerara (55 g) • 3 colheres (sopa) de suco de limão • 1 colher (chá) de extrato de baunilha **Para a cobertura** 2 goiabas grandes (350 g) • 2 colheres (sopa) de açúcar demerara (22 g) • ½ colher (sopa) de polvilho doce (3 g)

6 porções

Como fazer...

1. Preaqueça o forno a 180 °C.
2. Comece preparando a base. Coloque as amêndoas em um processador ou liquidificador e triture até obter uma farinha grossa. Não precisa triturar tudo: deixe alguns pedacinhos para dar textura à base.
3. Adicione a farinha de aveia, o melado e a água. Bata até obter uma pasta densa e homogênea. Ou, se preferir, transfira as amêndoas trituradas para um recipiente e adicione os demais ingredientes, misturando com as mãos.

4. Forre uma fôrma redonda (20 cm de diâmetro) com papel-manteiga e despeje a mistura. Espalhe, preenchendo o fundo, e pressione com as pontas dos dedos umedecidos com água, para compactar.
5. Faça furos na massa com um garfo, para não formar bolhas de ar, e leve ao forno preaquecido por cerca de 10 minutos.
6. Para fazer o recheio, esmigalhe o tofu drenado e coloque em um processador. Adicione os demais ingredientes e bata até obter uma mistura homogênea.
7. Despeje o recheio sobre a base assada e alise com uma colher. Leve ao forno preaquecido por cerca de 30 minutos.
8. Enquanto assa, prepare a cobertura. Descasque as goiabas, corte ao meio e retire as sementes. Coloque no liquidificador e triture até obter uma pasta homogênea.
9. Transfira para uma panela e adicione o açúcar e o polvilho. Misture bem até dissolver. Leve ao fogo médio e mexa sem parar, até engrossar. Desligue o fogo.
10. Leve a cobertura à geladeira, para firmar, por pelo menos 4 horas.
11. Retire o cheesecake do forno e deixe esfriar em temperatura ambiente.
12. Leve à geladeira por pelo menos 4 horas, para firmar.
13. Desenforme o cheesecake e despeje a cobertura sobre ele. Sirva gelado. Dura cerca de 5 dias na geladeira.

- Caso tenha uma fôrma de fundo removível, você não precisa forrá-la com papel-manteiga. Basta untar com um pouco de óleo, caso não seja antiaderente.

trufas de chocolate

21 trufas

Você vai precisar de...
2 batatas-doces médias (400 g) • ⅓ de xícara de leite de coco • ½ xícara de chocolate 70% cacau, sem leite, picado (80 g) • ½ xícara de açúcar mascavo peneirado (60 g) • ½ colher (chá) de extrato de baunilha, opcional

Como fazer...
1. Descasque as batatas e corte em pedaços pequenos. Coloque em uma panela e cubra com água. Leve ao fogo e cozinhe até ficarem macias.
2. Escorra a água e transfira as batatas ainda quentes para o liquidificador. Adicione o leite de coco e bata até obter uma pasta densa e homogênea.
3. Transfira para a panela e junte o chocolate, o açúcar mascavo e o extrato de baunilha. Leve ao fogo médio e mexa sem parar, até o chocolate derreter por completo. Desligue o fogo e espere esfriar.
4. Coloque a mistura em um recipiente com tampa e leve à geladeira por cerca de 4 horas ou até gelar e firmar.
5. Retire da geladeira e modele as trufas, formando bolinhas com as mãos. Utilize uma colher para medir a quantidade de cada uma.
6. Se desejar, cubra as trufas com cacau em pó, coco ralado ou oleaginosas bem picadas, como nozes, amêndoas e castanhas.

Creme de morango

Você vai precisar de...
1 avocado pequeno maduro (160 g) • 1⅓ xícara de morango picado (200 g) • 1½ colher (sopa) de melado de cana • ¼ de colher (chá) de extrato de baunilha, opcional

Como fazer...
1. Corte o avocado no sentido do comprimento. Descarte o caroço e retire a polpa com uma colher.
2. Coloque no liquidificador e adicione os demais ingredientes. Bata bem até obter uma consistência cremosa e homogênea. Experimente e adicione mais melado, se necessário. Esse creme fica azedinho.
3. Transfira para um recipiente e leve à geladeira por pelo menos 2 horas, para gelar. Ou, se preferir, consuma logo em seguida.

• O avocado pode ser substituído pela mesma quantidade em gramas de abacate.

1 porção

RASPADINHA DE AÇAÍ COM LIMÃO

3 a 4 porções

Você vai precisar de...

200 g de polpa de açaí • 1¼ xícara de água filtrada • 2 colheres (sopa) de suco de limão • 3 colheres (sopa) de melado de cana

Como fazer...

1. Coloque todos os ingredientes no liquidificador e bata até obter uma mistura homogênea. Experimente e adicione mais melado, se quiser adoçar mais.
2. Transfira para uma assadeira ou fôrma que caiba em uma prateleira do seu freezer. Deixe congelar por pelo menos 4 horas.
3. No momento de servir, raspe a mistura congelada com um garfo até formar cristais de gelo. Sirva imediatamente em copinhos ou taças.

• Para dar um sabor extra, você pode servir com raspas de limão por cima, como na foto. Fica uma delícia! 😉

PAVÊ DE AMENDOIM

Você vai precisar de...
1½ xícara de leite de coco • ½ xícara de açúcar demerara (105 g) • 2 colheres (sopa) de fécula de batata (14 g) • 1 xícara de pasta de amendoim integral sem açúcar (250 g) • biscoitos doces veganos (170 g) • amendoim moído suficiente para decorar, opcional

10 pedaços

Como fazer...
1. Forre uma fôrma de pão (23 x 10 cm) com papel-manteiga e unte com óleo vegetal.
2. Coloque em uma panela 1 xícara de leite de coco, o açúcar e a fécula de batata. Misture bem até dissolver os ingredientes.
3. Leve ao fogo e mexa sem parar, até engrossar.
4. Desligue o fogo e adicione a pasta de amendoim. Mexa bem até obter uma mistura homogênea. Reserve até amornar.
5. Coloque o restante do leite de coco em um prato e mergulhe rapidamente os biscoitos nele, para umedecer.
6. Forre o fundo da fôrma com uma camada de biscoito. Monte o pavê alternando camadas de biscoito e de creme. Finalize com o creme.
7. Cubra a fôrma com filme de PVC ou com uma tampa e leve à geladeira por cerca de 6 horas, ou até gelar e firmar.
8. Desenforme e polvilhe amendoim moído a gosto.

Quer ver como este pavê fica irresistível? Utilize o QR Code para um GIF de dar água na boca.

135

sorvete de banana com pasta de amendoim

6 bolas

Você vai precisar de...
3 bananas grandes (230 g) • 2 colheres (sopa) de pasta de amendoim sem açúcar

Atenção: antes de fazer, é necessário um pré-preparo...
Descasque as bananas e corte em pedaços. Coloque em um recipiente ou saco plástico e leve ao freezer até congelar completamente. Tire as bananas do congelador por cerca de 5 minutos antes de começar o preparo.

Como fazer...
1 Coloque as bananas no processador e adicione a pasta de amendoim.
2 Bata bem até obter um creme espesso e homogêneo.
3 Experimente e adicione mais pasta de amendoim, se necessário. Sirva imediatamente.

- Para deixar o sorvete mais consistente para fazer as bolas, transfira-o para uma fôrma e leve ao freezer por cerca de 1 hora ou até firmar. Tire do congelador 3 minutos antes de servir.
- Sirva com amendoim picado por cima. Fica uma delícia!
- Use bananas bem maduras – aquelas com pontinhos pretos na casca. Isso é sinal de que estão bem docinhas, e você não vai precisar acrescentar açúcar para adoçar o sorvete.

manjar de coco com jabuticaba

Você vai precisar de...
2 xícaras de jabuticaba (300 g) • 1½ xícara de água filtrada • 2 xícaras de leite de coco (p. 26) • ½ xícara de açúcar demerara (110 g) • ⅓ de xícara de fécula de batata (50 g) • 1 colher (sopa) de ágar-ágar (10 g)

Como fazer...
1. Comece preparando o suco de jabuticaba. Lave bem as frutas e coloque numa panela com a água. Leve ao fogo médio e cozinhe até a maior parte das jabuticabas abrir e a água estar com uma coloração roxo-escura. Desligue o fogo.
2. Esprema com cuidado as jabuticabas que não abriram, utilizando uma colher para extrair o restante do suco. Coe a mistura com uma peneira e esprema bem. Descarte as cascas e as sementes.
3. Meça 1 xícara de suco para usar nesta receita. Se necessário, complete com água filtrada.
4. Coloque o suco em uma panela limpa e adicione o leite de coco, o açúcar demerara, a fécula de batata e o ágar-ágar. Misture bem até obter uma mistura homogênea. Se a fécula empelotar, peneire a mistura.
5. Leve ao fogo médio e mexa sem parar, até engrossar.
6. Unte forminhas de muffins de silicone (6 cm de diâmetro) com óleo e despeje a mistura ainda quente. Espere amornar e leve à geladeira por cerca de 4 horas, ou até firmar.
7. Desenforme o manjar e sirva gelado.

- Se você não encontrar jabuticaba onde mora ou se não estiver na época, substitua pela mesma quantidade de uvas. Utilize a variedade que preferir. Vai ficar tão bom quanto! 😊

9 porções

Receitas extras

Por aqui você encontra duas receitas extras que foram citadas ao longo do livro: farinha de coco e calda de jabuticaba. A primeira é uma das formas de você aproveitar o bagaço que sobra da produção do leite de coco (p. 28). Com a farinha você pode fazer biscoitos, bolos e incrementar granolas doces. Sem desperdício, por favor!

Já a calda de jabuticaba é perfeita para ser servida com mingau, tapioca ou com as panquecas de inhame (p. 72) que tem aqui no livro. Fica uma delícia! Você pode ver um GIF dessa belezinha utilizando o QR Code. Se não sabe como fazer suco de jabuticaba, na página anterior eu te ensino 😊

Farinha de coco

Você vai precisar de...
polpa de coco processada

Como fazer...
1. Preaqueça o forno a 120 °C.
2. Espalhe a polpa sobre uma assadeira antiaderente. Quanto mais espalhada, mais rápido vai secar.
3. Leve ao forno preaquecido por cerca de 40 minutos, ou até a polpa estar bem seca. O objetivo é desidratar a polpa e não torrar ou queimar, por isso, fique de olho – dependendo do forno, o tempo para desidratar pode ser menor.
4. Transfira para um liquidificador ou processador e bata até obter uma farinha fina.
5. Guarde em um recipiente bem fechado.

Calda de jabuticaba

Você vai precisar de...
¾ de xícara de suco de jabuticaba sem açúcar • 2 colheres (sopa) de açúcar demerara (22 g) • 2 colheres (chá) de fécula de batata (5 g)

Como fazer...
1. Coloque todos os ingredientes em uma panela e misture até dissolver bem. Leve ao fogo médio e mexa sem parar até engrossar.
2. Desligue o fogo e transfira para um frasco de vidro fechado. Guarde na geladeira. Dura cerca de 3 dias. Depois de gelar fica mais consistente.

Índice de receitas

Achocolatado 44

Almôndegas de quinoa com ervilha 102

Antepasto de pimentões 83

Biomassa de banana 20-23

Biscoito de fubá 66

Bobó de shimeji 101

Bolinho de aipim com tomate seco 79

Bolo de banana com nozes 58

Bolo gelado de tapioca com coco 61

Calda de jabuticaba 141

Caldo de legumes 25

Cheesecake de goiaba 124-127

Chips de banana 92

Chocolate quente 47

Creme de castanha 31

Creme de morango 131

Crocante de polvilho 84

Croquete de palmito 76

Cuca de uva com castanha 65

Cuscuz paulista de legumes 118

Ensopado de lentilha e abóbora 106

Estrogonofe de cogumelos 98

Farinha de coco 141

Feijoada vegana 96

Geleia de abacaxi 57

Geleia de pimenta 80

Hambúrguer de berinjela 114

Hambúrguer de falafel 109

Legumes assados 91

Leite de coco 26-29
    com coco fresco 28
    com coco ralado 29
    com manteiga de coco 29
Manjar de coco com jabuticaba 139
Massa de torta doce 32
Massa de torta salgada 34-37
    com farinha de grão-de-bico 36
    com grão-de-bico 37
Mexido de grão-de-bico 70
Mingau de aveia 69
Muffins de castanha-do-pará 62
Nhoque de mandioquinha 110
Panqueca de inhame 73
Pão rústico 50
Pasta de amêndoas com cacau 53
Patê de sementes 87
Pavê de amendoim 135
Purê de couve-flor com batata 88
Raspadinha de açaí com limão 132
Ricota de tofu com ervas 54
Risoto de rúcula 117
Smoothie de pêssego 40
Sorvete de banana
    com pasta de amendoim 136
Suco verde 43
Torta de cebola caramelizada 105
Torta de chocolate com maracujá 122
Trufas de chocolate 128

Compartilhe a sua opinião
sobre este livro usando a hashtag
#TemperoAlternativo
nas nossas redes sociais:

 /EditoraAlaude

 /EditoraAlaude

 /AlaudeEditora